17세의 마음문 노크하기

초판 1쇄 발행일 2011년 9월 29일

지 은 이 서선미
펴 낸 이 이정원

출판책임 박성규
편집책임 선우미정
편집진행 이은
편   집 김상진 · 이상글
디 자 인 정정은 · 김지연
마 케 팅 석철호 · 나다연 · 도한나
경영지원 김은주 · 박혜정
관   리 구법모 · 엄철용
제   작 이수현

펴 낸 곳 도서출판 들녘
등록일자 1987년 12월 12일
등록번호 10-156
주   소 경기도 파주시 교하읍 문발리 출판문화정보산업단지 513-9
전   화 마케팅 031-955-7374   편집 031-955-7381
팩시밀리 031-955-7393
홈페이지 www.ddd21.co.kr

I S B N 978-89-7527-983-6(13180)

17세의 마음문 노크하기

햇살쌤 서선미 | 지음

들녘

이 책을 읽는 모든 분들에게

청소년센터의 상담사라는 일을 하는 제가, 이 일을 하는 것이 그들에게 도움이 되는지 자신이 없습니다. 하지만 큰 용기를 내어, 최대한 오해가 없기를 바라는 마음으로 글을 적어보았습니다. 그저 이 책을 읽고 '요즘 청소년들은 왜 이렇게 생각이 없어?'라는 생각이 '요즘 청소년들, 참 많이 애쓰고 있구나!'라는 생각으로 변화될 수 있다면, 아니 잠깐이라도 그런 생각이 든다면, 그것만으로 저는 스스로 이 무식한 용기에 칭찬을 해줄 수 있을 것 같습니다.

편한 마음으로 읽을 수 있는 책이면 좋겠다 싶기도 하지만, 앞서 언급한 대로 청소년에 대한 더 깊은 이해를 바라는 욕심도 있습니다. 그런 저의 마음 때문에 지금부터 몇 가지 안내 말씀을 드리려고 합니다.

먼저, 이 책에 나오는 사례는 필자가 말하려는 내용의 이해를 돕기 위해 적은 것이니, 개인적인 호기심은 자제해주세요. 언제 만난 내담자들인지, 상담은 어떻게 진행이 되었는지, 문제가 해결은 되었는지 등, 물론 궁금하실 수 있습니다. 분명히 말하지만, 제가 만난 내담자들은 모두 건강한 사람이랍니다. 다른 말로 하자면, 필자, 혹은 지금 이 책을 읽고 계신 분들과 전혀 다를 게 없는 사람이란 말이죠. 그러니 뭔가 특별난 아이라서 문제를 일으키고, 상담까지 받는 게 아닌가 하는 생각은 잠시 접어주시기 바랍니다. 어른들도 때로는 약한 부분이 있고, 아직 덜 여물었다 싶은 부분이 있잖아요? 이 책에 사례로 등장하는 아이들도 그런 시기에 저와 만나게 된 것뿐이니, 사례만 보고 판단하거나 궁금해하지 않으셨으면 합니다. 설사 물어본다고 해도 제가 그 호기심을 충족시켜드릴 수는 없답니다.

이 책을 읽을 때는 필히 필기도구를 지참하시고, 가능한 한 「마음문 노크하기」는 꼭 해보시기 바랍니다. 혼자서든, 여럿이든 해보신 후 주변 사람들과 소감 나누는 것을 잊지 말고 기억해 주세요. 머릿속으로만 생각하는 것은 누구나 할 수 있습니다. 그러나 그것만으로 변화가 일어나지는 않습니다. 귀찮으시더라도 꼭 해보시기 바랍니다. 서로의 소감을 나누는 것! 절대 잊지 마세요. 부모와 아이 사이에도 "내가 해봤더니 어떤 느낌이 들고, 이런 점들을 깨달았다. 너는 어땠니?"라고 물어봐준다면 좋겠습니다. 굳이 길게 말하지 않아도 좋습니다. 말을 잘 하지 못하더라도 좋습니다. 그저 느낌만 나눠주세요. 분명 누군가와 소통하는 경험을 해보실 수 있을 니다. 책을 읽고 큰 변화가 일어나지 않았다 해도, 저는 그것만으로도 만족합니다.

이 책의 내용은 필자가 청소년센터에서 상담하며 생각했던 것, 말하고 싶었던 것, 혹은 말했던 것들이 주를 이루기 때문에 지극히 개인적인 이야기로 들릴는지도 모르겠습니다. 하지만 최대한 청소년기에 대한 보편적인 이야기를 쓰고, 썩 자유롭지 못한 입장의 상담자로서 말할 수 있는 내용을 적으려고 애를 썼습니다. 개인적인 욕심에 쓴 내용도 있습니다. 하지만 모두 읽는 사람들에게 상처가 되지 않기를 바라는 마음을 가지고 적은 글입니다. 열린 마음으로 읽어주시면 감사하겠습니다.

마지막으로 일일이 참고문헌을 달 수 없음을 양해 바랍니다. 최대한 출처와 참고문헌을 표시하려고 애를 썼으나, 지난날 상담을 공부하면서 개인적으로 이것저것 책을 찾아보다가 메모하고 정리해놓은 내용도 있습니다.

누군가와 소통할 수 있는 장으로 이런 경험을 한다는 것이 제게는 크나큰 행복입니다. 이 글을 읽고 계신 당신이 반갑고, 그런 당신에게 감사드린다는 말씀 전합니다.

2011년 9월

서선미

일러두기

이 책의 상담사례에 나오는 모든 이름은 가명임을 밝힙니다.

목차

4 정신건강 청소년의 마음을 튜닝하다

5 성 몸은 같은데 왜 우리는 안 돼요?

청소년은 피곤하다

'아무것도 모르는' 짜증나는 부모와 '성적밖에 모르는' 선생님들 때문에!

인간의 발달과정 중 청소년기는 자아정체감을 확립하고 친밀한 관계를 형성하는 시기이며, 이를 마련하기 위하여 나타나는 청소년기의 변화는 일단 신체적인 변화로부터 시작되어, 인지적인 변화와 맞물려지고, 이것이 청소년기의 독특한 정서적 반응에 영향을 주면서 그 독특성을 드러낸다.

(출처 : 청소년이해론. 청소년 대화의 광장, 1998)

이러한 청소년기를 우리는 다른 여러 가지 말로 대신한다. 그 중 가장 흔하게 사용하는 게 바로 '사춘기'이다.

'사춘기思春期'. 요즘 아이들이 가장 듣기 싫어하는 말 가운데 하나다. 그런데도 어른들은 문제만 생겼다 하면 "네가 지금 사춘기라서 그래!" 하고 말한다. 그러면 아이들은 또 "나 사춘기 아니거든! 엄마는 무슨 말만 나오면 나더러 사춘기래. 잘 알지도 못 하면서." 하고 대든다. 어른들이 갱년기라는 말을 껄끄러워하는 것과 같다.

아이들은 끔찍이도 싫어하는데 어른들은 가장 쉽게 사용하는 말, 사춘기. 부모님이 자녀 문제로 상담을 의뢰할 때 가장 많이 나오는 말도 '사춘기'이다. "선생님, 아무래도 우리 애가 사춘기에 들어섰나 봐요. 자꾸 짜증만 내고……." 하지만 사춘기 아이들만 짜증을 내는 건 아니다.

부모님이 해석하는 '사춘기'는 천편일률적이다. 머리가 좀 컸다고 시건방을 떨고, 걸핏하면 짜증을 내거나 반항하고, 외모에 지나치게 신경을 쓰고, 이성에게 관심이 많아지는 시기. 부모들은 대개 이렇게 말한다. 어쩌면 '사춘기'라는 말은 육체적·심리적·사회적인 변화를 겪는 청소년기의 특징을 어른들이 일일이 나열하기 힘드니까 에둘러 묶어버린 게 아닌가 싶다. 만일 나더러 "이 시기의 아이들을 한 마디로 정의해보시오."라고 한다면 이렇게 대답하겠다.

"아동복은 (창피해서) 입을 수 없고, 어른 옷은 (어색해서) 맞지 않는 나이. 애도 아니고, 어른은 더더욱 아닌 시기. '짜증 나!'와 '재수 없어!'를 입에 달고 다니는 나이. 경계선을 언제 넘나 망설이다가 너무 일찍 사고를 치거나 소심하게 주저앉는 시기."

이 시기가 바로 발달학적인 측면에서 말하는 청소년기이다. 아무리 자기 위치를 신체적으로, 심리적으로, 사회적으로 정리하려고 해도 어른들이 인정하지 않으니 짜증나는 경우가 더 많은 시기. 이렇게 복잡하고 어려운 인생의 시기를 그저 '사춘기'라는 한 마디로 규정하는 건 너무 성의 없는 처사로 보인다. 어른인 내가 보기에도 그렇다.

학자들은 '질풍노도의 시기', '자아정체성 확립의 시기'라고 말한다. 표현은 멋있어 보이지만 뜻은 간단하다. '내 마음 나도 몰라서 그냥 좋았다가 슬펐다가 짜증났다가, 하루에도 몇 번씩 마음이 천국과 지옥을 오가는 나이'이다. 이 시기엔 아이들이 정신적으로나 육체적으로 '단박에' 점프한다. 차츰 성숙하는 게 아니라 어느 날 갑자기 어른이 되는 길목에 들어선다. 그래서 헷갈린다. 성호르몬 분비로 인한 '신체의 변화', 아동기에 비해 추상적인 사고가 가능해지는 '인지적 변화', 자신의 역할에 대해 고민하는 과정에서 겪는 '정서적인 변화' 등도 청소년기의 주요한 특성 중 하나다. 정체성이 불투명하고 정서적으로 혼란한 청소년들에게는 세상이 만만치 않다. 하고 싶은 것은 "하지 말라!"고 하고, 하기 싫은 것은 "미래를 위해 참고 해라!"고 말한다. "어려워요, 힘들어요, 도와주세요!"라고 하소연할 데도 없다. 집안에서도 학교에서도 '공부 잘하는 애'나 '착한 애' 아니면 '공부 못 하는 애' 혹은 '문제아'의 잣대만 들이댄다. 그래서 "저요, 이런 문제를 느껴요!"라고 대놓고 말하기도 힘들다. 그랬다가 괜히 '문제아'로 '찍힐까봐' 겁나서. 또 자기 의견을 정직하게 말할라치면 "네깟 게 뭘 안다고 그래?" 하는 말로 입막음을 당한다. 이런 세상에!

│ 청소년은 힘들다

공부하느라, 아르바이트하느라, 인간관계 신경 쓰느라, 부모 눈치에 교사 눈치 보느라 너무 힘들고 피곤하다. 이런 아이들에게 "네가 무슨 걱정이야? 부모가 밥을 안 먹여줘, 옷을 안 입혀줘? 그냥 앉아서 공부만 잘하면 되는데!" 하면서 윽박지르는 것은 조금도 도움이 되지 않는다. '그냥' 사는 것처럼 보여도 '그냥 사는' 어른이 별로 없는 것처럼 아이들의 마음속도 늘 맑고 잔잔한 호수는 아니다.

| 청소년은 '작은 어른'이다

어린아이를 뻥튀기한 게 아니라 어른의 미니어처이다. 그러니까 이제부터 청소년기 아이들에게 "너희들이 뭘 알아?"라든지 "우리가 시키는 대로만 하면 돼!" 하는 말 따위는 아예 집어치우자. 자살률과 이혼율이 하늘 높은 줄 모르고 치솟고, 출산율은 땅 깊은 줄 모르고 바닥을 치는 나라에서 우리 아이들은 과연 무슨 생각을 할까? 아마 이렇게 어른들을 비웃고 있을지도 모른다. "우리보고 아무것도 모른다고요? 어른들은 더해요!"

아이는 어른의 축소판이다. 어른보다 체격이 작다고 해서 그들의 고민까지 어른의 고민보다 작은 건 아니다. 어른의 눈으로 볼 때만 그렇다. 사람은 누구나 사랑과 관심을 먹고 자란다. 영유아기에만 해당하는 말이 아니다. 작으면 작은 대로 크면 큰 대로 우리는 모두 나 자신과 타인의 건강한 사랑과 관심을 필요로 한다. 내가 좋아하는 아프리카 속담 가운데 이런 말이 있다.

"아이를 키우기 위해서는 마을이 필요하다."

• 마음문 노크하기 •
아이의 마음 노크하기

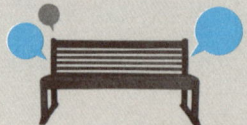

생각 읽기

문장을 완성해봅시다. 문맥에 맞게 쓸 필요도, 잘 쓸 필요도 없습니다. 생각나는 대로, 처음 머리에 떠오른 대로 적어봅니다. 부모님과 아이가 각각 따로 써야 합니다.

1. 내가 가장 좋아하는 사람은

2. 내가 어린 시절로 돌아간다면

3. 내가 아버지라면

4. 내가 어머니라면

5. 내가 가장 자랑스러웠을 때는

6. 나에게 충분한 시간과 돈이 있다면

7. 나에게 가장 잊혀지지 않는 일은

8. 내가 가장 잘하는 일은

9. 내가 가장 따뜻하게 느끼는 것은

10. 사람들이 나의 감정을 상하게 할 때는

11. 내가 만약 신이라면

12. 내가 인생에서 가장 원하는 것은

다 적으셨나요? 그럼 이제 쪽지를 교환하세요. 부모님 것은 자녀에게, 자녀 것은 부모님에게. 그리고 조용히 읽습니다. 굳이 이야기를 나누지 않아도 좋습니다. 상대방의 생각을 읽고 그냥 고개를 끄덕이면 됩니다. 마음의 문이 조금씩 열립니다.

★1

가족

아이에게는 엄연한 사회

나에게 가장 큰 영향을 준 사람은 누구였을까? 지금은 누구일까? 현재 '이런 모습으로 살아가고 있는 나'를 만드는 데 결정적으로 기여한 사람은 누구일까? 위인전 속의 인물인가, 소설 속 주인공인가, 아니면 존경하는 선생님인가? 질문을 바꿔보자. "내 인생에 가장 많이 개입한 사람은 누구일까?" 혹은 "내가 어려울 때 제일 먼저 생각나는 사람, 가장 먼저 이 사실을 알리고 의지하고픈 대상은 누구일까?"

'대'놓고 '화'내는 게

대화?

상담 과정에서 내가 가장 많이 듣는 단어는 '그냥'과 '좋아요'이다. 청소년 내담자에게 '어떻게' 혹은 '왜?'라고 질문할 때마다 아이들은 꼭 이 단어를 사용해서 대답한다. 그래서 "네가 생각하는 '그냥'과 내가 생각하는 '그냥'은 분명히 다를 텐데……. 네가 생각하는 '그냥'은 뭐지?" 하고 물으면 "그냥이 그냥이죠 뭐……."라면서 굉장히 난감한 표정을 짓는다. '아, 참! 별걸 다 묻네!' 하는 듯이. 아이들의 '그냥'은 나에겐 정말 이해하기 어려운 단어가 되어버렸다.

| 대화는 싸움이 아닙니다

아이들이 구체적으로 하고 싶은 말이 무엇인지 알아내고, 거기에 구체적으로 반응한다는 것은 쉽지 않은 일이다. 그래서 나는 종종

'구차하게 이야기하지 않고도 내 마음을, 네 마음을 알아차릴 수 있는 방법은 없을까? 하는 바람을 갖는다. 하지만 아무리 고민해도 상대방의 마음, 특히 청소년 내담자의 속마음을 단박에 알아차릴 수 있는 왕도는 보이지 않는다. 아마 부모나 교사의 입장도 나와 다르지 않을 것이다. 그래서 진지하게 서로의 생각과 감정을 전달하고, 내 앞에 있는 사람이 무슨 이야기를 하고 있는지 마음의 귀를 활짝 열고, 서로의 생각을 있는 그대로 받아들이는 참다운 대화를 하기보다 '빨리 내가 원하는 것을 얻고 끝내야지.' 하고 생각한다. '길게 말한다고 알아듣겠어?' 하는 짐작, '아이고, 이번에도 저 녀석이 내 말을 잘못 해석하는 모양이군!' 하는 불안, 그리고 '짜식이 또 어깃장 놓기 전에 담판을 지어야지.' 하는 마음 때문이다.

한국청소년상담원에서 학부모와 청소년을 대상으로 대화시간에 대한 조사를 했다. 만 하루 동안 자녀와 부모가 대화하는 시간을 조사한 결과, 부모가 생각하는 대화 시간과 청소년이 생각하는 대화 시간에는 큰 차이가 있었다. 부모는 자녀와의 대화 시간이 '길다'고 응답한 반면, 청소년은 '짧다'고 대답했다. 도대체 무슨 뜻일까? 그들에게 주어진 물리적 시간은 같은데, 체감하는 시간의 길이는 다르다. 왜 그럴까?

부모가 대화라고 생각하는 시간 중 90%를 아이들은 '지겨운 잔소리 타임'으로 받아들였다. 그래서 아이들은 자신이 대화라고 생각한 시간을 뺀 나머지를 모두 '한 귀로 듣고 한 귀로 흘리는 태도'로 일관

했다. 심지어 '엄마는 떠드세요, 난 그냥 견디면 돼요!'라고 생각했다. 물론 부모-자녀 사이에만 일어나는 상황은 아니다. 교사와 학생, 상사와 부하직원 사이에서도 가능한 일이다. 대화의 초점이 다르거나 당사자들 가운데 누구 하나라도 삐딱한 태도를 취한다면, 또 대화 상대자가 마음에 안 들어도 얼마든지 벌어질 수 있는 일이다. 이런 식의 대화는 종종 '언어폭력'이 되기도 한다.

　사람을 만나면 어쩔 수 없이 이야기해야 할 때가 있다. 반면 저 사람과 진지하게 이야기를 나누고 싶었는데 이야기하는 과정에서 '진실한 나와 너'는 없어진 채 빙빙 겉돌다 말게 되는 경우도 있다. 이럴 때 우리는 집에 가서 '내가 왜 그랬지? 정작 하고픈 이야기는 하나도 못 했네!' 하며 가슴을 치기도 한다. 사실 누군가를 만나 '제대로' 이야기를 나누기란 어려운 법이다. 대화의 방법을 잘 몰라서, 혹은 괜히 진실을 말했다가 '나만 다치게 될까봐' 걱정하느라고.

　부모교육을 받았던 어떤 학부모의 고백을 들어보자. 자녀와 의사소통이 잘 안 된다며 상담을 요청했던 어머니의 이야기다.

　부모교육을 받고 나서 '나도 한번 은진이랑 잘 얘기해봐야지.'하고 마음먹었어요. 그래서 학원에 갔다온 은진이를 식탁으로 불렀죠. 내심 '배운 것을 제대로 써먹어 볼 테니 너도 마음을 좀 열어봐라!'는 속셈이었어요. 은진이가 좋아하는 포도주스를 한 잔 따라서 식탁 위에 놓고 물었어요. "은진아, 요즘 지내기 어때? 많이 힘들지? 엄마한테는 다 얘기해도 돼!" 그랬더니 아이가 놀란 표정으로 "엄마, 왜 그래? 무슨 일 있어? 학교에서 전화 왔어?" 하는 거예요. 좀 서운하더라고요. 그래서 다시 한 번, "아니, 일은 무슨. 너랑 얘기해본 게 하도 오래 된 거 같아서. 요즘 엄마가 아르바이트 다니느라고 좀 바빴잖아." 했죠. 은진이는 "어, 그래? 그냥 뭐. 별일 없어. 나 들어간다." 하더니만 방으로 쏙 들어가는 거예요. 제 방으로 들어가는 아이 뒤통수가 얼마나 얄미운지 나도 모르게 "야, 엄마가 말 좀 하자는데 그렇게 튕기냐?" 하고 소리를 지르고 말았어요. 솔직히 좀 무안하더라고요. 남편도 그런 식인데, 이젠 딸내미까지 나를 무시하는구나 싶기도 하고.

나는 은진이 어머니의 이야기가 참 반가웠다. 상담소에서 배운 것을 활용해보려는 마음이 얼마나 멋진가? 그래서 시시해 보여도 꽤 쓸모 있는 팁을 하나 드렸다.

"어머니, 다음번엔 이렇게 말씀해보세요. '은진아, 사실 엄마가 부모교육을 좀 받았어. 근데 거기서 아주 재미있는 걸 가르쳐주더라. 앞뒤가 꽉 막힌 엄마한테 꼭 필요한 거였는데…… 딸아, 제발 나랑 실험 좀 해보자!' 하고요. 애들은요, 엄마나 아빠가 자기 약점을 인정하면 엄청 너그러워진답니다."

은진이 어머니의 두 번째 이야기를 들어본다.

선생님이 가르쳐주신 대로 말했더니 처음엔 이야기가 좀 통하더라고요. 주로 제가 바빠서 아이들한테 잘 못 해준 거, 그런 이야기들을 털어놓으면서 마음은 안 그런데 참 미안하다고 고백했죠. 뭐, 솔직한 심정이기도 했고요. 그런데 그 다음 단계로 진전이 안 되는 거예요. "너는 어때?" 했더니, "나야 뭐 맨날 똑같지. 학교 가고 학원 다니느라고 뭘 생각할 시간도 없어. 아우, 나도 엄마처럼 뭘 좀 배우러 다닐 시간이 있으면 좋겠다, 영어수학 말고. 됐지? 나 바빠!" 하더니 이번에도 저 혼자 벌떡 일어서서 들어가려고 하는 거예요. 그래서 나도 모르게 또 "공부도 못 하는 게 뭐가 그렇게 바빠?" 해버렸어요. 그랬더니 은진이가 저를 쏘아보면서 "그럼 그렇지. 엄마 머릿속엔 공부밖에 없지. 두 번 다시 엄마랑 얘기 안 해." 하는 거예요.

결국 은진이 어머니는 '부모자녀 대화법' 교육을 두 번이나 더 들으셨다. 하지만 모녀의 대화는 20분 이상을 넘기지 못했다고 한다. 나중에는 엄마가 뭐라고 말을 걸면 은진이가 대뜸 "엄마, 또 어디 가서 교육받고 왔어?" 하고 물어서 민망해졌다고 한다.

은진이와 엄마는 왜 진전이 없었을까? 몇 번이나 대화를 시도했던 관심과 용기에 비해 결과가 바람직하지 않았던 진짜 이유는 무엇일까?

아이 마음의 빗장을 여는 4단계 작전

자녀들의 꼭 닫힌 말문을 열기 위한 팁을 하나 소개한다. 간단해보이지만 실천하기엔 꽤 까다로운 팁이다. 각 단계에 따라 당신의 마음을 어떻게 열어야 하는지, 또 대화를 나누고픈 대상에게 어떤 식으로 접근해야 하는지를 알아본다.

1단계_'진솔한 마음 전하기'

말 그대로 자신의 느낌과 생각을 충분히 전달하는 것이다. 이렇게 이야기하면 대다수 부모들은 '그저 솔직하게 전달하면 되는 건가? 누가 꼴 보기 싫으면 꼴 보기 싫다고 이야기하는 거?'라고 간단히 생각한다. 하지만 생각만큼 간단한 과정이 아니다. 남에게 자신의 생각과 느낌을 제대로 전달하려면 먼저 자기가 무엇을 생각하고 있는지, 무엇을 느끼고 있는지를 정확히 알아차리는 과정이 선행되어야 하는 탓이다.

이를테면 아이가 공부 안 하고 게임만 하면서 노는 꼴이 정말 보기 싫을 때가 있다. 자, 이럴 때 어떻게 이야기할까? '음, 진솔하게 마음을 전하라고 했으니까……' 하면서 "너 일요일이라고 하루종일 게임하는 거 정말 꼴 보기 싫다!"고 이야기한다면? 아마 아이는 이번에는 아예 방문을 걸어 잠그고 게임을 할 것이다. '흥, 꼴 보기 싫다면 안 보여주면 되는 거지.' 하면서. 그러나 아이에게 그런 말을 하는 부모의 심리는 '너 때문에 내가 화가 난다.'가 아니라 '네가 게임을 너무 많이 해서 내가 속상하다.'이다. 속마음은 '모처럼 오늘 하루 너랑 잘 보내고 싶었는데 네가 게임만 하니까 섭섭하다.'이다.

"사실 나는 너랑 잘 지내고 싶어. 그런데 네 행동 중에서 특히 일요일날 하루종일 게임하는 게 아주 거슬려. 그런 모습을 보면 화가 나. 근데 자꾸 화내다 보면 너랑 사이가 더 나빠질 거 같아서 또 걱정되고." 이렇게 이야기하면 무작정 "꼴 보기 싫어!"라는 이야기를 듣고 상대방한테 화가 나는 게 아니라 "아! 아빠도 나랑 잘 지내고 싶은데, 내 행동 중 이게 마음에 안 들어서 그러는구나!"라는 생각이 들게 마련이다. 만의 하나 상대방이 기분 나쁘게 반응했다고 해도 이야기하는 본인은 '잘 지내고 싶은 마음'이 더 크기 때문에 크게 상처받을 일은 없다.

즉, 1단계 '진솔한 마음 전하기'는 상대가 자신의 긍정적인 의도를 알아차리고, 말하는 사람의 느낌과 생각을 있는 그대로 인식하고 인정한 후 관계를 발전시키기 위한 건설적인 방식으로 마음을 표현하는 단계이다. 잘 지내보고 싶다는데 누가 화를 내겠는가?

이제 스스로에게 질문해본다.

"내가 현재 어떤 느낌/생각이 드는 거지?"

"내가 느끼는 부정적인 느낌이나 생각에 깔린 긍정적인 마음은 무엇이지?"

"내가 느끼는 현재의 느낌/생각을 어떻게 표현해야 저 사람과의 관계를 발전시키는 데 도움이 될까?"

2단계_'자녀 모습 받아들이기'

상대방 역시 나처럼 생각이 있고 느낌이 있다는 것을 받아들이는 단계이다. 상대방을 나와 같은 하나의 인간으로(동일한 인격체로서) 존중함을 의미한다. "꼴 보기 싫어."라는 이야기는 분명 기분 좋은 소리가 아니다. 내가 그런 말을 들었을 때 기분이 나쁜 것처럼 상대방도 얼마든지 그럴 수 있다. 내가 무슨 말을 할지, 무슨 생각을 할지 스스로 선택할 수 있는 존재이듯 상대방 역시 그런 존재이다. 이렇게 하면 뭐가 달라질까? 어떤 긍정적인 점이 있을까?

'나'와 '너'가 다르지 않다는 것을 인정하는 순간 내 앞에 있는 사람은 아무리 나이가 어리더라도 무시하지 않고 가르치려고 하지 않기 때문에 상대방의 이야기에 귀를 기울이게 된다.(우리는 평등해진다. 내 앞에 있는 사람이 나이가 많건 적건, 여자건 남자건, 또 외국인이든 아니든 상관없다. '아무'도 '누구'를 섣불리 무시하거나 가르치려고 들지 않는다. 상대방을 무시하는 것은 곧 자신을 무시하는 현상으로 부메랑처럼 되돌아오기 때문이다. 그래서 상대방의 이야기에 더욱 귀를 기울이게 된다.) 이렇게 변하면 상대방은 어떨까? 당연히 나에게 존중받고 있다는 느낌을 가질 것이다. 그 다음은 어떻게 될까? 나를 존중해주는 사람인데 당연히 그 사람과 이야기하고 싶을 것이다. 아무리 힘든 상황이어도 이야기하고 의견을 나누고 싶은 마음이 생길 것이다. '사람은 누울 자리를 보고 다리를 뻗는다.'고 한다. 그리고 우리는 누가 나를 존중해주는지 아닌지를 귀신같이 잘 안다. 마치 강아지나 어린아이들이 자기를 마음으로부터 좋아하는 사람이 누구인지 본능적으로 알아채는 것처럼. 그 경험을 살려서 상대방을 바라보자. 그리고 이렇게 질문한다.

"지금 내 앞에 있는 타인은 무엇을 경험하고 있지?"

"지금 내 앞에 있는 타인의 존재는 무엇인가?"

"지금 내 앞에 있는 타인이 하고 있는 말과 행동은 자기 나름의 최선의 선택일 것이다."

3단계_'자녀 마음에 귀 기울이기'

어른들이 좋아하는 말로 '역지사지易地思之', 즉 타인의 안경을 쓰고 타인이 되어 그의 입장에서 생각해보는 단계이다. 완전히 다른 사람의 입장에서 사물을 보고, 상황을 생각하면서 타인의 생각과 감정을 이해하는 과정이다. 상대방의 세계를 이해하는 데 도움이 된다.

간단한 예를 들어보자. 우리 각자 다른 색깔의 렌즈를 눈에 끼고 있다고 하자. 빨간색 렌즈를 끼면 〈트와일라잇〉에 나오는 섹시한 주인공 에드워드의 눈처럼 보일 것이다. 그런데 안타깝게도 그 눈으로 세상을 보면 온통 빨간색뿐이다. 문도, 나무도, 사람 얼굴도, 건물도, 하늘도 모두 빨간색으로 보인다. 사랑하는 이사벨라의 얼굴도 아마 빨간색으로 보일 것이다. 하지만 렌즈를 초록색으로 바꾸면 이번엔 세상 모든 것이 초록색으로 보일 것이다. 이제 그들 두 사람이 만나서 하는 이야기를 들어보자. 오전 11시 45분. 그들은 지금 교정 벤치에서 한층 높아진 가을 하늘을 바라보고 있다. 그런데 이 두 사람은 자기들이 각기 다른 색 렌즈를 끼고 있다는 걸 모른다.

"아, 멋지다! 하늘이 불타오르고 있어!"

"뭐?"

"가을 하늘은 정말 멋져. 만화책에서 본 '불타는 로마' 같아!"

"농담이 지나치셔."

"넌 애가 어쩌면 그렇게 무감각하냐? 저런 하늘을 보고도!"

"야, 내가 정리해줘? 가을하늘은 '초록빛 바다'이다. 죽이지?"

"뭐, 바다? 초록빛? 너 색맹이냐?"

"뭐? 색맹? 짜식이!"

어쩌면 이들은 결국 서로 자신이 보는 하늘만 이야기하면서 우기고 화를 내다가 '두 번 다시 얘랑 말을 섞지 말아야지.'하고 생각할지도 모른다. 이처럼 관계는 사소한 일로 단절되는 경우가 더 많다.

이 상황을 정리하려면 첫째, 무엇부터 해야 할까? 첫 번째 '진솔한 마음 전하기'부터 해야 한다. 내가 무슨 색깔의 렌즈를 끼고 있는지를 알아내야 한다. 만약 그게 안 되면 자기 눈에 비친 하늘이 구체적으로 무슨 색깔인지를 솔직하게 이야기한다. 그 와중에 초록색 렌즈를 낀 사람이 "무슨 소리야? 그게 아닌데?"라고 이야기하면 "난 지금내가 보는 하늘과 네가 보는 하늘을 이야기하는 거야. 우선은 내 눈에 보이는 하늘을 말할게. 너와 내가 보는 하늘은 다를 수 있잖아?"
라고 상대방을 인정해주는 두 번째 단계를 거친다. 즉, 모습을 받아
들이는 단계를 거친다. 그리고 초록색 렌즈를 낀 사람의 이야기를 들
으면서 그 사람이 보는 하늘을 궁금해하고, 최대한 자기도 초록색으
로 볼 수 있도록 노력한다. 때로 자신이 끼고 있는 빨간색 렌즈를 벗
고 초록색 렌즈로 바꿔보는 보는 것도 좋다.

참으로 어려운 단계다. 자신이 무슨 색의 렌즈를 끼고 있는지 아는
것도 어려운데, 과감하게 벗어던질 줄 알아야 한다니! 게다가 초록색
렌즈로 잘 바꿔 끼었는지도 살펴야 하니까! 한 가지 다행스러운 점은
우리가 서로를 이해하는 과정에 렌즈를 바꿔 낄 순간이 있다는 점이
다. 스스로에게 질문해보자.

"이 사람은 무엇을 바라나?"
"이 사람은 무엇을 느끼나?"
"이 사람은 어떻게 하고 싶어하는가?"
"이 사람은 어떻게 되어야 한다고 생각하는가?"

4단계_ '구체적으로 이해하기'

소통을 가로막는 것 중 하나가 대화할 때 사용하는 애매모호한 표
현이나 일반적인 말, 그리고 추상적인 단어들이다. 마지막 단계에서
는 이런 표현의 사용을 최소화하고, 실제적이고 사실적인 내용을 위

주로 질문하는 연습을 한다. 3단계의 '귀 기울이기'와 어느 정도 중복되는데, '충분히 이야기한다.'는 데 방점을 찍는다.

지금 내가 초록색 렌즈를 잘 끼고 있는지, 네가 보았던 하늘이 이게 맞는지 물어본 다음, 그 사람이 되어 하늘을 바라보면 그가 어떻게 느끼고 있는지, 무엇을 이야기했는지, 왜 불타는 빨간색 하늘을 이해할 수 없었는지 정확히 알게 된다. 그래서 하늘을 이야기하면서 초록색과 빨간색이 어떻게 다른지, 무엇 때문에 서로 바라보았던 하늘의 색이 달랐던 것인지, 렌즈를 바꿔 끼면 눈앞에 어떤 세상이 나타나는지를 솔직하게 이야기할 수 있다. 이러한 과정을 거쳐 의견을 조율한다는 것은 물론 시간을 필요로 한다. 하지만 분명한 것은 이런 과정을 통해 일방적인 관계가 아닌 상호작용 관계로 나아갈 수 있다는 점이다. 스스로 질문을 던져보자.

"지금 이 사람이 처한 상황은 구체적으로 어떠한가?"
"지금 이 사람은 어떤 행동/생각을 하고 있는가?"
"지금 이 사람은 어떤 감정 상태에 놓여 있는가?"

| 당신도 대화종결자가 될 수 있다!

부모교육을 받은 어머니에게 이 팁을 적용하면 다양한 질문들이 생겨난다. "이제 이야기를 해봐라!"고 하지 말고 "이제 이야기를 해보자!"로 시작했다면? "엄마가 배운 것을 활용해보고 싶은 마음도 있지만 너랑 조금이라도 더 진지한 이야기를 나누고 싶어서 그래." 하고 엄마의 입장을 좀 더 솔직하게 이야기한다면?

부모자녀 간의 대화가 반드시 건설적일 필요는 없다. 두 사람이 마음을 터놓는 것으로 충분하다. 엄마가 모르는 아이돌 이야기면 어떤가? 한창 뜨는 드라마 이야기거나 교사 흉을 보는 이야기면 또 어떤가? 자녀와 이야기하고 있는 그 순간을 친구와 수다 떠는 시간으로 받아들이면 어떨까? 섣불리 판단하거나 결단을 내리지 말고, 그냥 '푹 빠져서' 온몸으로 자녀와 이야기를 나눈다면 어떨까?

이때 매우 중요한 원칙이 하나 있다. 자기 혼자 내린 결론만 내세우거나 선입견을 개입시키지 않고, 시간을 가지고 충분히 자녀의 입장이 되어 생각해보아야 한다는 것이다. 물론 말처럼 쉬운 일은 아니다. 하지만 진정으로 자녀와 대화하고 싶다면 이 원칙을 반드시 지켜야 한다. 이제 선택해야 할 시간이다. 지금까지 그랬듯 '나 혼자 편한' 대화를 할 것인가, 아니면 '서로 말이 통하는' 대화를 할 것인가? 후자를 선택한 당신, 용기를 내기 바란다. 아무리 시간이 오래 걸려도, 아무리 피곤해도, 순간순간 화가 나고 인내심의 한계를 느껴도, 당신이 후자를 선택한 순간 '대화종결자'로 가는 길은 가까워진다.

아이와 대화하기 어렵다면서 두 번이나 내담했던 소영이네 이야기다. 먼저 소영이 어머니의 하소연을 들어본다.

"요즘 얘랑 대화를 할 수가 없어요. 무슨 말만 하려고 하면 짜증부터 내니, 원! 다 같이 밥 먹을 시간도 별로 없고, 애 아빠도 맨날 바쁘고……. 시간 내서 밥 좀 먹으러 가자고 하면 됐다고 하고, 겨우 설득해서 같이 가면 어떤 줄 아세요? 가는 내내 귀에다 이어폰 꽂고 음악만 들어요. 차 안에서라도 함께 이야기하면 얼마나 좋아요? 음악 듣지 못하게 하면 또 휴대폰만 만지작거리고. 아이구, 내가 저 휴대폰을 없애든지 해야지……. 예전에는 안 그랬는데 점점 왜 저렇게 변하는 건지, 정말 모르겠어요. 우리한테는 통 이야기를 안 하니까 도무지 뭐가 문제인지 알 수가 있어야죠. 답답하기는 하고, 그래서 전문 상담사 선생님과 이야기를 하면 좋겠다 싶어서 데리고 왔어요. 얘, 소영아. 여기선 네가 무슨 이야기를 하든지 다 들어주실 거니까, 하고 싶은 얘기 다 해. 알았지? 엄마는 나가 있을게!"

이렇게 이야기하는 엄마의 모습을 보고 소영이는 "아니, 그게……"라고 입을 열려다가 이내 한숨과 짜증 섞인 얼굴로 고개를 돌린다. 그런 모습을 보았는지 못 보았는지 소영이 어머니는 계속 자기 이야기만 한다.

위의 사례에서 소영이가 "아니, 그게……" 하면서 뭔가 '자기 이야기'를 꺼내려다 말고 고개를 돌렸다. 그런 모습을 무시한 채 자기 이야기만 계속하는 어머니와 대화 자체를 포기하고 아예 고개를 돌려 버린 소영이. 이 두 사람은 정말 서로 대화하고 싶은 생각이 있는 걸까? 나름 제대로 시도하고 있는 걸까? 내가 보기엔 그렇지 않다. 어떻게 하면 두 사람이 대화를 잘 할 수 있을까?

방법은 하나. 서로 용기를 내어 시간이 좀 걸리더라도 마음을 일일이 확인하는 수밖에 없다. 자신의 긍정적인 의도를 솔직하게 밝히고, '내 마음 나도 몰라!' 하는 아리송한 부분은 전문가의 도움을 빌려 찾아내고, 가능한 한 먼저 말하고, 타인의 긍정적인 의도 역시 화가 나더라도 받아들여야 한다.

소영이의 마음을 좀 풀어주려고 내가 먼저 말을 꺼냈다.

"방금 네가 '아니, 그게……'라고 말하려다 고개를 돌렸잖아? 엄마가 말한 것 중 아닌 게 있나 보다, 그치? 어떤 게 그래? 그걸 솔직히 말해주면 우리가 서로 이해하는 데 도움이 될 거 같다."

하지만 더 좋은 건, 소영이 어머니가 먼저 이렇게 말하는 상황이다.

"소영아, 여기 온 건 너랑 잘 지내고 싶어서야. 네가 요즘 어떤지 궁금한데 자꾸 서로 어긋나는 것 같아서 말이야. 같이 차근차근 이야기할 장소가 필요해서 온 거야. 너한테 문제가 있어서 온 게 아니니까 오해하지 마. 우리가 서로 잘 해봤으면 싶어서야. 물론 우리 집과 다른 분위기니까, 좀 어색하긴 하겠지만……. 소영아, 그동안 네 상황을 먼저 듣지 않고 뭐든 엄마 생각대로 먼저 움직인 거 정말 미안하다. 근데 있잖아, 소영아, 엄마는……."

내 이야기가 맞는지, 잘하고 있는 건지, 핵심을 잘 전달하고 있는지

따위에 신경 쓰지 말고 무조건 솔직하게 '내가 얼마나 너와 이야기하고 싶은지'를 밝히라. 그리고 '나는 너와 앞으로 더욱더 잘 지내고 싶다'는 바람을 전달하라. 사람을 감동시키는 것은 미사여구가 아니라 '진심'이다. 나는 그러한 '진심'에서 희망을 본다.

 소영이 어머님,

전들 무슨 특별한 기술이 있어서 아이와 이야기가 되겠어요? 저는 그저 제 앞에 있는 소영이가 궁금할 따름입니다. 요즘 소영이가 재밌어하는 건 뭔지, 요즘 소영이가 좋아하는 연예인이 누구인지, 왜 좋은지, 요즘 소영이가 재밌어하는 컴퓨터게임은 뭔지, 혹시 좋아하는 게임이 나랑 같은 건 아닌지? 요즘 소영이가 좋아하는 패션 스타일은 어떤 건지, 어떻게 하면 그렇게 자연스럽고 예쁜 게 아이라인을 그릴 수 있는지, 요즘 소영이 기분은 어떤지, 요즘 소영이한테 일어나고 있는 일들은 주로 어떤 것들인지······ 그저 그런 것들이 궁금합니다. 처음부터 대화를 하기 위한 대화로 다가가는 것이 아니라, 소영이의 마음이 진심으로 궁금하고 소영이의 생활에 관심을 가진다면 어떨까요? 소영이가 무슨 대답을 해도, 설령 말하기 싫다고 해도 "언제까지 그러나 두고 보자." 하는 마음은 들지 않겠죠.

소영이 어머니, 그냥 궁금하게 여겨 주시면 어떨까요? 제가 궁금한 게 많은 것처럼 어머니께서도 궁금하게 여기셔서 소영이랑 눈을 맞추고 이것저것 이야기하고 수다를 떨면 소영이가 훨씬 더 좋아할 텐데요.. 아마 소영이는 이런 이야기들은 낯선 저보다는 사사롭게 하는 엄마와 더 많이 나누고 싶을 거예요. 정말이라니까요!

from. 햇살쌤

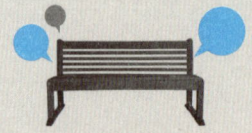

여러분은 어떻게 의사소통을 하나요?

1. 종이 2장과 펜을 준비한 뒤 두 사람이 마주봅니다.

2. 한 사람은 아래 예시 도형을 보고 다른 한 사람에게 예시 도형을 잘 그릴 수 있도록 설명합니다. 첫 번째 그림부터 설명하시면 되는데, 이때 그림을 그리는 사람이 그리고 싶은 대로 그릴 수 있도록 어떠한 설명도, 손짓도 하지 말아 주세요.

3. 그림을 다 그렸으면 이제는 다른 종이 한 장에 다시 그림을 그려보자고 얘기해주세요.

4. 설명하는 사람은 다시 예시 도형을 보고 다른 한 사람에게 예시 도형을 잘 그릴 수 있도록 설명하는데, 이번에는 그림을 그리는 사람에게 자세한 설명과 손짓을 해서 예시 도형대로 잘 그릴 수 있도록 질문도 설명도 충분히 해주세요.

5. 자, 이제 2개의 그림을 비교해보세요. 어떤 그림이 예시 도형에 더 가까운가요?

예시 도형

일방적 의사소통	쌍방적 의사소통

어떠세요? 설명한 그림을 그린 쪽은 어느 쪽인가요? 쌍방적 의사소통이죠? 궁금하

게 여겨주세요. 저 사람이 무슨 말을 하고 싶은 건지, 저 사람 머릿속에는 어떤 그림

이 있기에 나한테 이렇게 이야기하는 건지 말이죠. 대화는 여기서부터 시작합니다.

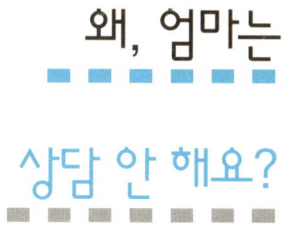

왜, 엄마는

상담 안 해요?

　가정에서의 문제 때문에 상담실에 오는 학생들은 대부분 엄마나 아빠의 손에 질질 끌려 오다시피 한다. 오기 싫은 건 당연하고, 마치 뭔가 억울한 게 있는 것처럼. 그리고 부모들은 하나같이 아이를 상담실에 떠맡기듯 혼자 두고 밖으로 나가버린다. 왜일까? 아이들은 왜 억울한 표정이며, 부모는 왜 싫다는 아이를 억지로 끌고 오는 것일까? 혼자 남겨진 아이의 눈을 들여다보고 지금 기분이 안 좋은 이유가 뭐냐고 물으면, 거의 모든 아이들의 대답은 한 가지다.

　"나만 문제인가요?"

| 미경이는 억울하다

　미경이가 처음 상담실에 왔던 날이다. 여러 가지 신청서를 작성하면서 아이가 이렇게 물었다.

"왜 저만 이거 적어요? 우리 엄마는 안 해요?"

"너한테 문제가 있어서 상담실에 왔다고 생각하는구나? 그래서 억울해? 상담받아야 되는 사람은 엄마라고 생각하는 거야?"

미경이는 엄마를 힐끗 보면서 고개를 끄덕거린다. 하지만 미경이 엄마는 딸아이에게 눈길 한 번 주지 않고 냉랭하게 앉아 있다. 미경이 아빠는 아내와 딸 사이에서 어쩔 줄 몰라하며 곤혹스러운 표정을 지었다.

미경이 엄마와 아빠는 20대 중반 친구의 소개로 우연히 만나 결혼했다. 처음 만났을 때, 미경이 엄마는 매우 당차고 세련된 모습이었다. 미경이 아빠는 순박한 청년이었다. 두 사람은 서로를 그렇게 기억한다. 집에서 탈출하고 싶어서 결혼을 택했던 미경이 엄마와 그런 아내가 좋아서 결혼한 미경이 아빠. 결혼생활은 처음에는 그럭저럭 괜찮았다. 그런데 어느 순간, 남편의 가족 문제가 불거지면서 부부싸움이 잦아졌다. 그리고 이제는 돌이키려야 돌이킬 수 없는 너무 먼 곳까지 와버렸다. 설상가상으로 미경이의 엄마는 우울증까지 겪고 있다. 미경이 아빠는 이 상황에 지쳐서 파김치가 되어 있다. 남아 있는 모든 에너지를 매순간 끌어올려야 하기 때문이다.

부부 사이가 그러다 보니 아이들에게 신경이나 제대로 쓸 수 있었을까? 미경이가 방과 후 집에 와도 엄마는 얼굴 한 번 제대로 마주치지 않았다. "오늘 학교 어땠어? 급식은 뭐 나왔어?" 하고 물으면서 책 가방을 들어주는 엄마의 모습은 미경이에겐 그림의 떡이다. 덕분에 미경이는 집에 오면 자기 방으로 직행해서 컴퓨터 게임을 했다. 집 안에서 가족과 교류하기보다 결국 집 밖을 택했다. 답답하고 숨막히 는 집구석보다 맘대로 웃고 떠들 수 있는 바깥이 좋은 건 당연지사. 그러다 보니 가출도 잦아졌다. 상황이 이렇게 될 때까지 미경이 아빠 는 무엇을 했을까?

미경이 아빠는 나름 할 말이 많다. 한 가정을 책임져야 하는 상황 에서 집안일에만 신경쓸 수가 없다, 아이 문제는 대개 엄마들 몫 아 니냐, 아내하고 딸하고 서로 잡아먹을 듯이 싸워서 집에 들어가기 싫 다, 마음 편할 날이 하루도 없다……. 그러다 결국 "이게 다 당신 닮 아서 그런 거야!" 하고 아내에게 소리 지르며 욕하는 순간, 부부 관계 는 완전히 결렬되었다고 한다.

이런 터에 미경이가 엄마아빠랑 더 많은 이야기를 하고 싶고, 더 많은 정서적인 돌봄을 받고 싶고, 눈도 마주치고 싶다고 이야기한들 씨가 먹혔을까? 자신을 무시하는 엄마, 소리만 지르는 아빠……결국 미경이는 엄마와 아빠의 잦은 싸움 때문에 집에 들어가는 게 죽기보 다 싫어졌고, 공부를 안 하고 가출하는 것으로 나름대로 부모에게 복 수하는 길을 택했다. 그리고 이 모든 문제의 원인을 엄마와 아빠에게 돌렸다. 자신의 행동을 정당화하면서.

상담하는 내내 미경이는 상담자와 눈을 마주치지 않았다. 미경이 엄마는 딸이 이야기를 해도 쳐다보지 않았다. 상담에는 아예 관심도 없는 것처럼 보였다. 그나마 미경이 아빠는 어떻게든 이 상황을 풀고자, 본인들 두 사람이 먼저 상담을 받아야 하겠지만 그게 안 되니까 미경이라도 상담을 받았으면 좋겠다고 말했다. 미경이 아빠의 절박한 표정이 지금도 눈에 선하다.

누가, 무엇이 문제일까? 어느 누구도 이 질문에서 자유롭지 못할 것이다. 가출을 일삼고, 공부는 안 하고, 자기 하고 싶은 대로 하고, 엄마아빠한테 대드는 걸 의사소통의 주무기로 사용한 미경이는 상담실에 온 날도 상담실에 가네, 마네 하면서 한바탕 싸우고, 욕을 진탕 먹고 왔다. 미경이는 상담실 의자에 앉는 순간부터 "나보다 울 엄마가 더 문제인 거 몰라요?"라고 이야기하면서 이렇게 중얼거렸다. "어째 요즘 집안이 좀 잠잠하더라니. 조용해서 뭔가 좀 되어가나 싶었더니, 그럼 그렇지! 이제 겨우 중학생밖에 안 된 철없는 여자아이를 이처럼 억울하고 쓸쓸하게 만든 어른들, 당신들은 누구인가?"

끝나지 않는 이어달리기, 가족관계

한 가정의 가장 중요한 가족 단위는 무엇일까? 나는 '부부'라고 생각한다. 부부는 가족을 이루는 가장 기초적인 단위이자 핵심 단위이다. 예전 가족의 역할이 자녀를 낳아 양육하고 경제적 책임을 감당하는 데 국한되었다면, 요즘 가족은 서로를 존중하고 신뢰하면서 정서를 공유하는 것을 더 중요하게 여긴다. 그런 만큼 부부 관계와 역할이 가정의 분위기를 결정하는 데 매우 중요하다. 부부 사이가 좋으면 자녀들도 안정적으로 성장한다. 물론 '포장된' 사이좋음이 아니라 진실로 사이가 좋은 관계일 때 말이다. 이런 아이들은 혹시 일탈을 시도한다 해도 불안정한 가족관계를 경험한 아이들보다 훨씬 짧은 시간 안에 가정으로 복귀한다.

한동안 병원에서 상담사로 일하면서 부부 상담을 진행한 적이 있다. 대부분의 부부들은 상담실에 들어오자마자 서로 험담을 늘어놓기 일쑤다. 어떤 상담자는 첫 회에 서로가 험담을 계속할 수 있도록, 혹은 좀 더 오버해서 상대방의 단점을 이야기할 수 있도록 놔두기도 한다. 하지만 나는 첫 대화에서는 늘 공격 탄환을 가득 장전한 총을 잠시 내려놓게 하고, 대신 서로 처음 만났을 때, 가장 행복했던 첫 만남의 순간을 이야기하게 한다. 이것은 청소년 자녀를 데리고 온 부모가 자기 아이 때문에 화가 머리 꼭대기까지 나 있을 때 태몽이 무엇이었는지, 자녀의 이름을 누가 지어줬는지, 이름의 뜻은 무엇인지를 묻는 절차와 같다.

이렇게 처음 만났을 때를 이야기하면 열이면 열, 얼굴 표정이 달라진다. 단순히 이 상황을 벗어나서 예전의 좋았던 때로 돌아가라는 의미만은 아니다. 잠깐이나마 예전 일을 상기시키면서 동시에 지금의 상황을 다시 한 번 되돌아보게 하려는 것이다. 이렇게 하면 지나치게 감정적으로 부부 관계를 정리하지는 않게 된다.

남편이, 혹은 아내가 바람을 피워서, 낭비벽이 심해서, 서로 성격이 맞지 않아서 등의 이유로 서로 더 이상 믿음을 갖지 못하게 되는 상황은 누구보다도 본인들에게 가장 괴롭다. 이런 괴로움은 시간이 지날수록 정확한 사실과 상관없이 서로에게 상처가 되고, 그 상처로 인해 서로 어떻게 살고 싶어했는지, 가정을 이루어 어떠한 모습으로 관계를 발전시키며 살고 싶었는지조차 잊게 만든다. 그러다 결국 자녀와는 아무 상관없음에도 불구하고 아이들을 자신의 문제에 끌어들여 상처를 주고 만다. 미경이의 엄마아빠처럼! 그러고는 "우리는 괜찮으니까 우리 애만 좀 상담해주세요!" 하고 말한다. 정작 병을 앓고 있는 건 당사자들인데도.

우리나라에서는 결혼을 여섯 사람이 한단다. 여자와 남자 두 사람이 아니라 여자와 여자의 부모, 남자와 남자의 부모. 하지만 과연 여섯으로 끝날까? 아니다. 보통 그들의 부모의 부모, 사돈의 팔촌까지 확장된다. 수십 명의 사람이 두 사람 뒤에 줄을 선 채 '감 놔라, 배 놔라' 하면서 두 사람의 가정사를 좌지우지한다. 정말 소름끼치는 일이다.

개인의 역사는 절대 무시할 수 없다. 결혼하기까지 무려 30년간을 '제 마음대로' 살아온 남녀가 결혼이라는 통과의례를 거쳤다고 해서 그 순간부터 서로 바라는 모습으로 살아갈 수는 없는 일이다. 하지만 원하는 대로 되지 않는다면서 많은 부부들이 관계를 포기한다. 서로의 존재를 '있는 그대로' 인정하고, 서로의 역할을 존중하고, 자녀 역시 온전한 개체로 인정하면서 살아가면 안 될까? 지나친 욕심일까?

안타깝게도 아무리 포장해도 감출 수 없는 게 딱 하나 있다. 바로 아이들이다. 아이들 얼굴을 보면 부모 얼굴이 떠오른다. 아이들이 쓰는 말을 들으면 그들의 부모가 평소 어떤 말을 사용하는지 대충 짐작이 간다. 아이들이 친구한테 화를 내거나 동생을 야단치는 모습 속에도 부모의 모습이 고스란히 담겨 있다. 아무리 아닌 척해도 숨기지 못하는 단 하나의 진실, '아이들은 부모의 그림자'이다.

기억하자. 본인이 행복해야 부부가 행복하고 자녀와 가정이 행복해진다.

착각하지 말자. 다른 사람 때문에 내 가정이 불행한 게 아니다. 내가 불행해서 '우리 가정'이 불행한 것이다.

출발은 언제나 '나'이다. 아이들은 나와 배우자가 건네준 바통을 잡을 뿐이다. 떨어질 때와 모일 때, 기다릴 때와 앞서 갈 때를 정확히 아는 가족은 현명하다.

to. 미경이 부모님께

기억하세요?

두 분 처음 만나셨을 때, 두 분 처음으로 데이트하셨을 때, 두 분 처음으로 결혼을 생각하셨을 때 바라셨던 것들…….

처음 연애하실 때에는 서로에 대해 궁금해하셨고, 맞춰주려고 노력하셨고, 잘 모르는 것은 '아직 서로에 대해 잘 모르는구나'라고 자연스럽게 인정하셨겠죠?

세월이 지났다고 해서 서로를 더 잘 알 수 있는 건 아닐 겁니다. 세월이 지나서 이제는 더 이상 서로에 대해 궁금한 게 없어진 상황을 만드신 건, 혹시 안타깝지 않으세요? 서로에게 관심을 주고 받으면서 더 많은 교류를 하고 싶은 마음은 예전보다 더 했으면 더 했지 덜하지 않으실 텐데요..

서로 많은 걸 지나쳐왔다는 것을 받아들여주시면 어떨까요?

서로 다룰 수 있음을 인정해 주시는 거. 어느 누구의 문제가 아니라 두 사람의 문제임을 인정하시는 거. 미경이의 문제는 두 분이 행복하시면 충분히 해결될 수 있다는 것, 잊지 말아주세요!

미경이는 두 분의 거울이고, 두 분은 미경이의 거울이니까요.

from. 햇살쌤

046

· 마음문 노크하기 ·
엄마아빠의 마음 노크하기

LOVE MAP 그리기

1. 서로 처음 만났던 장소는?

2. 서로에 대한 첫 인상은?

3. 처음 만났을 때 입었던 의상은?

4. 두 번째 데이트는 어디에서?

5. '이 사람과 결혼해야지'라는 생각이 들었을 때는?

6. 좋아하는 음식은?

7. 좋아하는 영화(장르)는?

8. 이상형은?

9. 어렸을 적 꿈은?

10. 이름의 뜻은?

11. 이름은 누가 지어줬나?

12. 소중하게 생각하는 것은?

13. 듣고 싶은 말은?

14. 가고 싶은 곳은?

15. 신체 중 가장 자신 있는 부분은?

16. 가장 가까운 친구의 이름은?

17. 하루 중 가장 좋아하는 시간은?

18. 가장 좋아하는 노래는?

19. 집에서 가장 편안함을 느끼는 장소는?

20. 하루 중 가장 편안함을 느끼는 시간은?

21. 기분 좋을 때 가장 많이 하는 말은?

22. 요즘 개발하고 싶어하는 분야는?

23. 가장 중요하게 생각하는 가치는?

24. 요즘의 관심사는?

25. 주말이 되면 가고 싶은 곳(혹은 하고 싶은 일)은?

동생,

너 정말 꼴 보기 싫다

상담을 하다 보면 동생 때문에 속상하다고 하는 아이들이 의외로 많다. 내담자의 대부분이 동생 문제로 골머리를 앓는다. 부모가 동생과 자신을 차별대우한다는 것이다. 아이들은 차별대우를 일삼으면서도 뭐라고 하면 "내가 언제 그랬어? 철 좀 들어라!" 하고 외려 자신을 타박하는 부모가 너무 싫단다. 동생한테는 잔소리도 안 하고, 장난감도 잘 사주고, 나이도 어린데 용돈은 똑같이 주고……. 동생은 정말 필요악일까?

| 너 때문에 피곤해

중2 경진이는 요즘 미칠 것 같다. 엄마 때문이다. 학원 갔다가 조금만 늦으면 엄마가 불벼락을 내린다. 경진이네 부모님은 맞벌이를 한다. 그래서 중2 경진이가 중1 경원이랑 초4 경주를 돌봐야 한다. 경진이가 조금만 늦으면 동생이 엄마한테 전화하고, 그러면 엄마가 경진이에게 전화하고 퇴근해서도 잔소리가 이어진다. 그럴 때마다 경진이는 속이 부글부글 끓는다. '나는 저 나이 때 다 혼자 했는데!' 하면서.

경진이는 공부를 아주 잘한다. 공부를 하다 보니까 해야 할 게 점점 더 늘어난다. 그래서 한 번은 엄마한테 학원을 한 군데 더 가겠다고 했다가 야단만 맞았다. 엄마는 대뜸 "집에 일찍 와서 인강 들어. 다른 애들은 학원 안 다니고도 공부만 잘하더라. 너 없으면 동생들은 어쩌게? 넌 어떻게 큰 언니가 되어 가지고 맨날 네 생각만 하니? 이래서야 어디 너 믿고 엄마아빠가 밖에서 일하겠니?"라고 짜증을 냈다. 경진이는 '내가 뭐 동생을 지키라고 태어난 사람이에요?'라는 말이 목구멍까지 올라온 걸 꾹 참았다. '남들은 첫째라면 사족을 못 쓰던데, 어떻게 우리 집은……'

경진이는 정말 섭섭하다. 엄마아빠만 오면 천사표 얼굴을 하고 달라붙는 동생들도 밉다. 공부도 못 하면서, 쳇! 경진이는 요즘 동생들이 뭐라 하면 자기가 먼저 소리를 지르고, 자기가 먼저 짜증을 내고, 퉁명스레 군다. 동생들이 일러도 눈 하나 꿈쩍 안 하고, 엄마가 뭐라고 닦달해도 일언반구 대꾸하지 않는다.

경진이 엄마는 "애가 갑자기 왜 저러는지 모르겠다!"고 말한다. 원래 동생들을 잘 챙겨주는 아주 의젓한 아이였다는 것이다. 바쁜 엄마

아빠를 대신해서 늘 군소리 없이 동생들을 돌봤다고 한다. 학원 갔다 오면 저녁밥을 챙겨주고, 학교 숙제를 체크해주고, 준비물이 뭐가 있나, 시험은 언제인가 등등 엄마보다 더 꼼꼼히 챙겼다고 한다. 그런데 언제부턴가 경진이 태도가 변했다. 요즘 경진이는 동생을 보면 못 잡아먹어서 안달난 아이 같단다. 어떤 때는 원수끼리 만난 것처럼 보인단다. 더 웃기는 건 경진이가 셋째 경주랑 짜고 둘째 경원이를 왕따시킨다는 점이다. 제발 어린애처럼 굴지 말고 첫째인 만큼 의젓했으면 좋겠다는 게 경진 어머니의 바람이다.

한참 이야기를 듣다가 이렇게 물었다.

"경진 어머님, 둘째는 어떤 아이예요?"

경진이 어머니는 살짝 얼굴을 붉히면서 "열 손가락 깨물어서 안 아픈 손가락이 없다고 하지만, 전 좀 더 아픈 손가락이 있더라고요. 나는 어릴 때부터 둘째가 제일 이뻤어요. 그 아인 그냥 탁 내가 뭘 원하는지 알거든요. 내가 어떤 말을 듣고 싶어하는지, 어떤 행동을 보고 싶어하는지를 잘 아는 아이랍니다."라고 대답했다.

대체 왜 경진이는 어느 날, 하루아침에 동생과 원수 사이가 되었을까? 어머니 말대로 그렇게 동생을 잘 챙기던 경진이가 마음을 돌린 진짜 이유는 무엇일까?

알프레드 아들러^{Alfred Adler}(오스트리아, 1870. 2. 7~1937. 5. 28)는 성性 본
능을 중시하는 프로이트의 이론에 반대하여, 인간의 행동과 발달을
결정하는 것은 인간존재에 보편적으로 내재한 열등감과 무력감, 그
리고 이를 보상하려는 '열등감에 대한 보상욕구'라고 생각했다. 그는
개인의 성격을 힘이나 개인적 강화욕구, 사회적 감정과의 일치욕구
라는 두 가지 요소가 상호작용한 결과라고 보았는데, 특히 출생순위
에 따른 가족 내 심리적 위치가 야기하는 열등감에 대해서 의견을 개
진했다 (『아들러 상담이론』, (학지사, 2001)). 내용은 이러하다.

첫째는 매우 독특한 위치를 갖는다. 독자獨子로서 출발하여 거의
모든 사랑과 관심을 받고, 개척자로서의 역할을 담당한다. 부모에게
는 아이를 양육하는 법을 배워야 할 첫 번째 대상이기도 하다. 첫째는
나중에 둘째가 태어나면 '폐위된 왕'의 역할을 한다. 이때 보통 열등
감이 심화된다. 생애 초기에 권력을 갖고 있다가 이를 잃어버리고, 다
시 권력을 찾으려고 노력하기 때문에 동생들보다 권위의 중요성을 잘
이해한다. 또 상실로 인한 고통을 알기 때문에 동정적일 가능성이 있
으나, 열등감이 커지면 오히려 지배형이 될 가능성이 높아진다.

둘째 혹은 중간 아이를 이해하는 핵심 단어는 '경쟁'이다. 둘째 혹
은 중간 아이들이 주로 꾸는 꿈이 '달리는 꿈'이라고 이야기했을 만
큼 이들에게 삶은 끊임없는 경주이다. 스스로 경주자가 되어 경쟁의

태도가 강한 혁명가가 되거나 적을 이길 수 없다면 차라리 한편이 되고 말겠다는 '협력자'의 태도를 보이기도 한다.

막내는 부모에게도 다른 형제들에게도 마지막으로 여겨진다. 그래서 그들이 가지고 있는 모든 것을 막내에게 이양하므로 과잉보호를 받게 될 가능성이 가장 크다. 아들러가 막내를 '문제아가 되기 쉬운 위치'라고 생각한 것은 바로 이런 측면에서다. 하지만 긍정적인 면에서 보면 막내가 다른 형제들을 능가하고 앞질러 마지막에는 승자가 될 수도 있다고 한다.

매우 결정론적이고, '뭐, 이렇게까지?' 하는 생각도 들지만, 출생순위를 포함한 가족 내 개인의 위치에 따른 심리적인 특성은 분명히 존재한다. 상담사들이 상담할 때 흔히 내담자의 가족력과 발달력에 대한 정보를 모으고자 하는 이유도 바로 그 때문이다.

명절 같은 때 식구들이 모여 이야기를 하다 보면 가끔 부모님 원망을 하면서 "나는 어렸을 때 부모님 사랑을 못 받았어. 어머니는 유독 막내만 이뻐하셨지. 내가 커서 취직하고 결혼해서 어렵게 살 때도 어머니는 당신 막내의 아들딸을 거두시느라 우리 애들은 안 봐주셨어. 그래서 나하고 우리 집사람은 정말 고생했어. 나는 그게 뼈에 사무친다고!" 하면서 울컥하는 분들이 많다. 대개 가족이 많던 시절 만이로 자란 분들이 그런 이야기를 많이 한다. 하지만 그럴 경우, 어머니들은 대개 고개를 외로 꼬고 '못 들은 척'한다. '당연한 걸 가지고 뭘 그래?' 하는 마음일까, 아니면 '얘야, 내가 그때 생각이 모자랐다, 미안하다!'일까? 나는 때로 어른들의 속마음이 궁금하다.

ㅣ 나는 나, 몇 째가 되었든!

좀 더 쉽게 접근해보자. 첫째는 경쟁자가 없는 상태에서 태어나고, 자기를 돌봐주는 대상들로부터 전적인 관심을 받는다. 좀 천천히, 완벽하지 않더라도 별 무리 없이 성장을 계속하게 된다. 문제는 둘째가 태어나면서부터 시작된다. 타인을 인식할 수 있는 세 살 이전에 동생을 맞이하면 첫째의 스트레스는 더욱 심해진다. 둘째는 태어나자마자 '앗! 내가 넘어야 할 큰 산이 있네?' 하면서 첫째를 경쟁자로 받아들인다. 그러다 보니 눈치도 빠르고, 성장도 빠를 수밖에. 첫째와 경쟁의 격차가 너무 크거나 치열하면 처음부터 포기하고 첫째의 부하로 들어갈 수도 있지만, 그래도 둘째는 부모 입장에서 볼 때는 첫째보다 예쁜 아이라고 할 수 있다.

그런 둘째를 바라보는 첫째의 심정은?

그렇다. 내 자리를 뺏은 약삭빠른 타인이다. 뭘 해도 엄마아빠는 둘째를 예뻐한다. 자신이 차지했던 물건과 관심을 내가 원하지 않는데도 송두리째 양보해야 한다. 어느 날 갑자기 그런 존재가 생긴 것이다. 바로 둘째다. 그러다 셋째가 태어난다. 셋째는 태어나자마자 '앗! 내가 넘어야 할 큰 산이 두 개나 있어? 에이~!' 하면서 포기한다. 둘째보다 빠르게. 그리고 나서 첫째와 둘째가 가지지 않은 배려와 특유의 환한 웃음기로 자신의 위치를 공고히 한다. 첫째처럼 권위를 바라지도 않고 둘째처럼 치열하게 권위를 차지하려고 하지도 않는다. 그저 환한 웃음으로, 욕심 없이, 조용히 존재한다. 그러한 셋째를 바라보는 첫째는, 셋째가 그리 위협적이지 않은 존재이기 때문에, 그리고 둘째보다는 편한 타인이기 때문에 잘 돌봐주려고 노력한다.

그러한 첫째와 셋째 사이를 보는 둘째는 자신을 따돌리려는 첫째도, 아무것도 없으면서 관심을 받는 셋째도 용납할 수 없다. 자신은 그저 삶을 스스로 개척해야 함을 깨닫게 된다.

넷째가 태어나면 어떻게 되느냐고? 넷째는 그저 존재만으로도 예쁘다. 둘째에겐 아무 관심 없는 존재이고, 첫째에게는 셋째와 별반 다를 게 없지만 역시 예쁜 진정한 막내이고, 셋째에게는 자신의 배려심을 충분히 발휘할 수 있는 대상이다. 넷째는 그저 아무런 근심 없이 밝게만 자라면 된다.

어떤가? 매우 단순하고 쉬운 상황이지만 분명한 것은 이러한 출생순위가 가족 내 개인의 심리적 위치를 결정짓는 데 충분한 영향력을 행사한다는 점이다.

그렇다면 부모는 어떻게 해야 출생순위에 따른 자녀의 심리적 위치를 조율할 수 있을까? 우리가 출생순위에 영향을 받지 않고 살아갈 수 있는 방법은 없을까? 참으로 다행스러운 점은, 우리 인간에게는 이렇듯 출생순위에 따른 심리적 위치가 내 삶에 어떠한 영향을 미치는지를 알아내고 그로 인해 느끼는 심리적 열등감을 극복해서 보다 우월하게 살아갈 수 있는 힘이 있다는 것이다.

| 독수리 5형제는 각자가 '고유명사'

중요한 것은 '내가 몇 째인가?'의 문제가 아니다. 내가 이 가족의 구성원으로서 지금까지 어떻게 살아왔고, 현재 내가 그 위치를 어떻게 받아들이고 있으며, 그 위치로 인해 어떠한 영향을 받고 있는지를 아는 것, 그리고 향후 그 위치를 어떻게 유지할 것인지, 어떻게 좀 더 긍정적인 상황으로 발전시킬 것인지 등을 결정하는 일이니까.

이제 질문해보자.

나는 몇 째인가? 나와 다른 가족 구성원의 관계는 어떠한가? 형제 중 나와 가장 친한 사람은 누구인가? 또 가장 다른 사람은 누구인가? 왜 친한가? 다르다면 어떤 점에서 다른가? 부모님은 나에게 무엇을 바라는가? 그것은 몇 째로서의 역할인가? 이로 인해 내가 현재 불편하게 느끼는 점이 있나? 나는 이 상황을 어떻게 바꾸고 싶은 것일까? 내가 없다면 누가 이 역할을 떠맡을 것인가? 이런 구체적인 질문은 나의 위치를 자각하는 데 큰 도움이 된다.

다시 경진이 이야기로 돌아가자

경진이는 가정에서 첫째로서의 역할을 해왔다. 떼를 써도 안 되고, 눈치 빠른 동생을 이길 수 없으며, 자기 딴에는 너무 많은 것을 양보

했고, 참을 만큼 참았다. 동생은 자기를 깔보고, 약삭빠르다. 언제나 언니를 골탕 먹인다. 첫째로서의 역할을 다하려고 노력했지만 자신의 노력은 그저 당연하게 받아들여진다. 그러다가 행여 '당연한 역할'을 조금이라도 못 하게 되면 어김없이 엄마의 꾸중이 날아온다. 그저 첫째라는 이유로!

그렇다면 경진이가 살기 위해서는 어떻게 해야 할까? 만일 경진이가 '참을 만큼 참은 거다. 이제 행동으로 옮길 때다. 내 힘을 보여줄 때가 된 거다. 내 위치를 찾아야지. 그러지 않으면 동생이 기고만장해질 테니까!'라고 생각한다면 동생들과의 우호적인 관계는 깨지고 적대적인 관계만 남게 된다. 어쩌면 맏이 혼자 힘겨운 싸움을 시작하게 될지도 모른다. 셋째 동생과 연합해서 둘째를 혼내주려다가 되려 엄마로부터 더 많은 꾸중만 듣고, 막내 동생마저 등을 돌릴지도 모른다. 경진이도 이렇게 되는 게 정말 싫다. 뜻대로 안 돼서 정말 힘들다.

이제 경진이의 부모님은 어떻게 해야 할까?

경진이 어머님께

한 쪽 팔로 동생을 안을 때에는 다른 한 쪽 팔로 큰아이를 안아주세요. 비록 조금은 부담스럽고, 팔이 저리시더라도 말이죠.. 동생에게 양보를 하라고만 하시지말고, 무조건 큰아이니까 참으라고 하시지말고, 경진이 이야기도 들어주세요. 비록 동생이 큰 소리로 자기를 어필하더라도 말이죠. 경진이가 어머님 입 안의 사탕처럼 굴면 얼마나 좋겠어요? 하지만 그러한 바람은 그저 바람일 뿐이라는 걸 어머님이 더 잘 아시죠?

경진이 어머님,

경진이가 얼마나 애썼는지, 첫째로서 얼마나 힘들게 살아왔는지, 그 아이가 살기 위해 얼마나 애썼는지, 인정해주시고 바라봐주세요. 마음이 급하더라도 경진이가 이 상황을 어떻게 해결할 것인지 들어주시고, 격려해주세요. 그리고 경진이가 갖고 싶은, 느끼고 싶은 힘(우월감)에 대해 충분히 격려하고 지지해주세요. 좀 기고만장해지면 어떻습니까? 경진이는 어쨌든 맏이잖아요, 살림밑천이잖아요? 그렇게 해주시면, 어머님이 그토록 노심초사하며 애쓰시지 않아도 경진이와 동생들은 다시 우호적인 관계로 돌아갈 수 있답니다.

못 믿으시겠다고요? 아니요,

한번 믿어보세요. 경진이가 뭐, 남인가요? 그리고 기억을 더듬어보
세요. 경진이가 태어나던 날, 정말 세상의 모든 것을 다 얻은 것처럼
기뻐하셨잖아요?
경진이가 초등학교 들어가던 날, 어머님은 월차 내고 학교로 달려
와 운동장에 서서 대견하고 뿌듯한 마음에 훌쩍거리셨잖아요?
첫사랑은 영원하답니다!

from. 햇살쌤

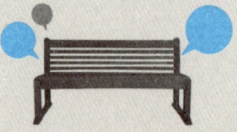

우리 가족의 평소 모습 그리기

어때요? 평소 우리 가족의 모습은? 아빠는 무엇을 하고 있나요? 엄마는 무엇을 하

고 있나요? 형제들은 무엇을 하고 있나요? 그리고 가장 중요한 나는 무엇을 하고

있나요? 우리 가족의 모습에서 느껴지는 분위기는 어떤가요? 함께 이야기 나누는

거 잊지 마세요!

문제아들만

가출하는 게 아니라고요

　"우리 애가 집을 나갔는데, 어떻게 해야 할지 모르겠어요."로 시작
하는 상담 전화가 종종 걸려온다. "집안엔 아무런 문제가 없는데 왜
애가 자꾸 집을 나가는지 모르겠어요. 아무 말 안 해보기도 하고 어
떤 때는 매를 때려보지만, 소용없어요, 달래도 윽박질러도 자꾸만 집
에서 나갈 생각만 하니, 이를 어쩌면 좋아요? 정말 답답한 노릇이에
요. 제가 뭘 잘못한 건가요? 어떻게 해야 할지 정말 모르겠어요!"라
고 부모님은 오늘도 한탄하고 있다.

| 그냥, 들어가기 싫어요!

　중학교 3학년 예진이는 집에 있는 날보다 밖에 있는 날이 더 많은
아이다. 처음 집을 나간 때는 초등학교 5학년. 친구랑 놀다가 집에 들

어갈 시간을 놓쳤고 집에 가면 혼날 것 같아서, 그게 무서워서 그 날은 아파트 계단에서 잠을 잤다. 그리고 다음 날 바로 학교로 갔다. 다행히 예진이는 친구랑 다르게 집에서 마음 졸이며 기다리는 부모님이 계셨다. 결국 예진이는 학교 끝나고 집에 끌려가서 정말 죽지 않을 만큼만 맞았다고 한다. 잘못했다고 싹싹 빌고, 다시는 그러지 않겠다고 이야기했다. 그런데 그게 끝이 아니었다. 예진이는 친구랑 놀다가 집에 들어가는 시간을 자꾸 놓치게 되었고, 점점 그 횟수가 많아졌다. 밖에서 지내는 시간도 덩달아 길어지게 되었다. 이제 부모님은 "그냥 너 알아서 해라. 매번 데려다 놓으면 또 나가고 또 나가고 하니, 무슨 수로 너를 막겠냐?"고 하신다. 하지만 그저 말일 뿐, 막상 포기가 안 되므로 예진이 부모님의 고민은 이만저만한 게 아니다. 가출을 일삼는 자녀를 둔 모든 부모의 모습이다.

청소년들은 왜 가출할까? 부모들의 말처럼 집에는 정말 아무 문제가 없는데 아이들이 '그저 자꾸만' 집을 나가려고 하는 걸까? 친구를 잘못 사귀어서 그런가? 대체 무엇이 문제란 말인가?

가출을 일삼던 예진이와의 대화 중 일부다.

"예진아, 네가 자꾸 집을 나가는 데는 무슨 이유가 있겠지?"

"저도 그게 참……그냥 집에 있는 게 답답해요."

"뭐가 그렇게 너를 답답하게 만드니? 단순히 너 하나의 문제인지, 가족 문제인지 궁금하다."

"아, 이제는 내가 뭘 하든 엄마아빠도 신경 안 써요. 요즘은 컴퓨터도 마음대로 할 수 있고, 공부 안 해도 뭐라고 안 해요. 그냥 제발 집에만 들어오래요. 몇 시가 됐든지. 내가 문젠가요? 그런 것 같기도 하고. 근데요, 선생님, 진짜 희한한 게요……왜 집에만 들어가면 답답할까요?"

안양시 청소년지원센터(2008)에서 현재 가정에 있는 청소년과 쉼터 입소 청소년을 대상으로 조사를 했다. 그 결과 가정에 있는 청소년은 최근 1년 동안 3일 이상 가출을 시도한 경험이 '전혀 없다'가 95.4%, 쉼터 입소 청소년의 경우 '거의 매일'이 33.7%로 나타났고, "최근 1년 동안 가출에 대해 심각하게 고민해본 적이 있는가?"에 대해서는 가정에 있는 청소년의 경우 '전혀 없다'가 81.1%, '1년에 1~2번'이 12.4%로 나타났다. 반면 쉼터 입소 청소년의 경우 '전혀 없다'가 32.6%, '거의 매일'이 25.8%로 나타났다.

이러한 결과로 유추해보건대, 가출을 계속 시도한 청소년들은 그렇지 않은 청소년들보다 재가출할 가능성이 더 높은 것으로 드러났다. 그러므로 아이들이 처음 가출을 시도했을 때, 혹은 가출을 고려할 때, 청소년과 부모, 그리고 교사들이 일심동체기 되어 원인을 분석하고 해결 방안과 대책을 모색해야 한다. 청소년의 가출은 다 알다시피 절도, 폭행, 약물중독, 강간, 낙태, 인신매매 등의 또 다른 사회 문제와 연결되기 때문이다. '그냥 들어가기 싫어서요.'라는 단순한 이유가 끝을 예상할 수 없는 끔찍한 사건사고로 이어지는 것은 이제 더이상 남의 나라 일이 아니다.

집 나가고 싶은 이유? 셀 수 없이 많다

청소년의 가출에는 요인이 참 많다. 밖에서 끌어당기는 요인도 있고 안에서 밀어내는 요인도 있다. 이러한 요인들이 복합적으로 상호작용할 때 아이들은 가출을 마음먹게 된다. 어른들은 믿지 못하겠지만, 처음 가출을 시도한 아이들 가운데는 앞의 예진이처럼 귀가 시간이 늦어지자 혼날까봐 못 들어가는 경우도 많다. 이럴 경우 부모가 보다 수용적이고 긍정적으로 아이를 받아들이고 이해하는 분위기를 조성하면 2차 가출은 충분히 예방할 수 있다.

아이들이 집에서 나가고 싶어하는 이유는 뭘까? 또 집에 들어올 수 없는 이유는 무엇일까? 이유야 많을 것이다. 어느 날 갑자기 머리가 이상해져서 집을 나가는 경우는 드무니까. 예진이처럼 집에 있는 것이 답답해서, 그냥 친구들이랑 종일토록 노는 게 좋아서, 집에 들어갈 시간을 놓쳐서, 혹은 갑자기 어디론가 떠나고 싶어서 그럴 수도 있다. 아니면 엄마아빠가 자신을 너무 과도하게 통제해서, 부모의 기대가 너무 높아서, 또는 허클베리 핀처럼 새로운 세상으로 모험을 떠나고 싶어서 그럴 수도 있다.

또 어떤 아이들은 자신이 무언가를 요구했는데 그게 잘 받아들여지지 않자 집을 나가기도 한다. '내가 집을 나가면 좀 알아주겠지?' 하는 마음에서다. 개중에는 '내가 집을 나가면 엄마아빠가 나를 찾으면서 그동안 잘해주지 못한 걸 반성하겠지?'라는 엉뚱한 결과를 기대하는 아이들도 있다. 어느 날 갑자기 삶의 의미와 목적을 잃고 사는 게 허망해서 집을 나가는 아이들도 있다. 또 부모의 폭력이 심하거나 그런 상황을 피하고 싶어서 집을 나가는 아이들도 있다. 한편, 부모가 이혼을 하거나 사망해서 집에 들어갈 수 없는 상황이 되는 경우도 많다. 부모님과 싸우다가 우발적으로 화가 나서 집을 나가는 아이도 있다. 밖에 나가면 자신이 꿈꾸는 '파랑새'를 찾을 수 있을 거라는 막연한 희망 하나로 가출을 감행하는 이상주의자도 있다. 더러는 집에 가고 싶어도 부모가 받아주지 않아서 돌아가지 못 하는 경우도 있다. 실제로 어떤 가출 청소년은 집에 가려고 했지만 부모가 전화번호를 바꾸고 이사를 가버려서 돌아가지 못했다.

학교에서 문제를 일으켰거나 힘든 상황을 겪고 있는데 그 문제를 해결할 수 없어서, 이 사실을 부모님이 알면 혼날까봐, 실망시켜 드릴까봐, 어느 누구도 도와주지 못할 것 같아서 집을 나가는 경우도 있다. 또 친구가 들어가지 말자고 해서 들어가지 않는 경우도 있고, 자기만 들어가면 함께 있는 친구는 갈 곳이 없으니 친구가 무슨 일을 저지를까 걱정하느라고 집에 들어가지 않는 경우도 있다. 하지만 집을 나갈 뚜렷한 개인적인 이유도 없고, 가정에서도 별다른 문제가 없고, 바깥에서 유혹하는 특별한 원인이 없는데도 집을 나가는 아이들도 있다.

| 가출은 해결책이 아니다

아이들이 집을 나가고 싶어하는 이유는 이처럼 다양하다. 집에 들어가지 않는 이유도 많다. 그런데 왜 이게 문제가 될까? 집을 나가고 싶으면 나갔다가 돌아오고 싶을 때 돌아오면 될 텐데 왜 문제를 삼는 걸까? 어른들이 청소년의 가출을 걱정하는 가장 중요한 이유는 집을 떠난다는 것 자체보다 집을 떠나서 겪게 되는 여러 가지 위기 상황을 생각하기 때문이다.

경제적 능력이 없는 청소년이 집 밖에서 맞이하는 최초의 위기는 바로 '의식주' 문제이다. 예진이처럼 아파트 계단에서 잠을 자거나 지하철 내에서 노숙하는 경우도 있고, 자취하는 친구네 집으로 갈 수도 있으며, 평범한 친구 집으로 가는 경우도 있다. 오늘 당장 잘 곳과 먹을 것이 급한 아이들은 삥을 뜯거나 구걸을 하고, 심지어 이성을 꼬드겨서 먹고 자는 문제를 해결하기도 한다. 집에서 나가 있는 기간이 길어질수록 아이들은 한층 더 심각한 상황에 직면한다.

이렇게 불안정한 생활을 하다 보면 당연히 마음이 불안해지고 심리상태도 혼란스러워진다. 제대로 학교에 다닐 수도 없다. '평범한 아이들과 비교되어' 학교 자체를 거부하게 된다. 그러면서 "학교 따위 어린아이들이나 다니라고 해!"하면서 자조한다. 가출 청소년들은 신체적으로도 열악하다. 몸이 아파도 병원에 갈 수 없다. 흡연이나 음주는 물론 성병과 임신, 낙태 등의 문제를 겪는 경우도 많다. 결국 심리적으로나 정신적으로, 그리고 신체적으로 아이들은 최악의 상황에 놓인 채 하루하루를 연명하게 된다. 그러므로 어른들은 아이들이 가정 내에서 발생할 소지가 있는 신체적·심리적 피해로부터 자신을 보호하기 위해 집을 나오는 경우가 아니라면 최대한 가정에서 청소년기를 보낼 수 있도록 도와야 한다.

| 우리 아이가 집을 나간다면?

애초부터 집 나가고 싶은 마음이 들지 않게끔 언행을 다스리는 게 어른의 몫이다. 하지만 그게 잘 되지 않을 경우, 아이가 집을 나가겠다고 우긴다면, 또 부모 몰래 집을 나간다면 뭐라고 해야 할까? 집을 나갔다 들어오는 아이에게 뭐라고 해야 할까?

자신있게 이야기할 수 있는 것은 그 무엇보다 '이해'가 바탕이 되어야 한다는 사실이다. 밖에 나가서 어디서, 누구랑, 무엇을 했는지 매우 궁금할 테지만 일단 뒤로 미루라. 두 번 다시 이런 일이 벌어지지 않았으면 해서 자녀를 다그치는 것도 일단 미루라. 그리고 먼저 '이해하기 모드'에 돌입하라. 아이가 왜 집을 나가고 싶어하는지(했는지)를 생각해보고, 어떤 마음에서 돌아왔는지를 헤아리라. 물어보고 싶은 모든 말들은 잠시 접어두라.

"어떤 이유로 집을 나가고 싶어졌니? 우린 네가 걱정돼서 그래. 누구나 집에서 나가고 싶을 때가 있어. 하지만 집을 나가게 되면 어른들이 걱정할 만한 일들이 많단다. 엄마(혹은 아빠)가 도울 수 있는 거라면 이야기해줄래? 같이 의논하면 뭔가 답이 나오지 않을까?"

만일 자녀가 집을 나갔다면 가장 먼저 경찰서나 가출신고 전화 182로 신고해야 한다. 그리고 본인에게 전화를 하거나 아이와 연락이 닿는 친구나 선배에게 전화를 하라. 집에 들어오고 싶은데 처벌이 두려워서 머뭇거리는 건 아닌지, 그 상태로 지내고 싶어하는지, 혹시 집에 들어오고 싶은데 주위에서 못 들어가게 막는 게 아닌지를 확인할 필요가 있다. 아이가 전화를 받지 않으면 음성 메시지를 남겨 두는 것도 좋은 방법이다.

어떻게든 연락이 닿았다면 추궁하지 말고 감싸주는 분위기를 조성하라. 친한 친구 중 도와줄 수 있는 아이가 있다면 먼저 그 아이랑 의논해서 우선은 자녀가 무사히 귀가할 수 있도록 공동으로 노력하라. 부모가 자신의 감정을 다스리지 못하고 감정대로 처신하는 것은 가장 나쁜 방법이다. 전화 연락이 될 경우 이런 식으로 말하는 게 좋다.

"00아, 밥은 먹었니? 네가 집에 들어오지 않으니 엄마(아빠)는 많이 걱정이 된다. 혹시 무슨 일이 생긴 건 아닌지, 엄마(아빠)가 도와줄 수 있는 게 없는지……. 네가 집을 나가게 된 원인이 무엇인지, 함께 해결하지 못하고 그냥 내버려둔 거 같아서 정말 미안하다. 많이 걱정된다. 얼른 들어왔으면 좋겠구나. 지금 엄마(아빠)는 얼마나 초조한지 몰라. 엄마(아빠)가 해결할 수 있는 기회를 안 준 것 같아서 네가 원망스럽기도 하고, 화가 나기도 해. 하지만 네가 무사히 돌아온다면 엄마(아빠)는 정말 기쁠 거야."

절대 혼내지 않겠다느니, 들어만 오면 무엇을 해주겠다느니 등의 약속을 내거는 것은 좋은 방법이 아니다. 다만 아이가 안심하고 집에 들어올 수 있게끔 분위기를 조성하면 된다. 혹시 잘못되었으면 어쩌나 하는 두려움을 극복하고, 차분하고 이성적으로—감정을 절제하면서—아이를 대하기란 물론 어려운 일이다. 하지만 부모는 충분히 그럴 수 있고, 또 충분히 그래야 한다.

예진아,

누구나 집을 나가고 싶을 때가 있어. 이유가 있겠지. 예진이가 집을 나가고 싶은데도 분명 이유가 있을 거야. 집나가면 고생이라는 거 뻔히 아는데, 그런데도 나갈 결심을 할 정도였다면 뭔가 충분한 이유가 있겠지. 나는 예진이가 그 이유에 대해 누군가와는 이야기를 나누기 바란다. 크게 손해 볼 건 없잖니? 오히려 이야기하고 나면 집을 나가지 않고도 충분히 이겨낼 수 있는 방법이 생길지도 몰라. 한 번, 같이 생각해보자. 예진이가 집을 나가고 싶은 이유가 무엇인지, 그것을 해결할 방법은 있는지, 정말로 집을 나가야 되는 상황인지, 그것도 한번 같이 생각해보자. 또 집을 나가면 어떻게 살아갈 것인지, 나가서도 잘 살 수 있는 방법이 있을지도 말이야. 다만 너랑 이야기를 할 수 있는 그 사람이 친구도 좋고 선배도 좋지만, 이왕이면 어른이었으면 좋겠다. 예진이가 생각하는 것처럼 어른들이 모두 꼰대는 아니란다. 또 어른들만 알고 있는 유용한 정보가 많이 있으니까!

예진아, 허심탄회하게 의논해줬으면 좋겠다. 집을 나가기 전에, 결심을 굳히기 전에, 행동으로 옮기기 전에 말이야. 오래 걸리지 않을 거야, 너를 힘들게 하지도 않을 거.

그러니 걱정하지 말고 나와 의논해주기 바란다.

from. 햇살쌤

 예진 어머님께,

어머님도 청소년 시절에는 집을 나가고 싶다는 생각을 한번쯤 해본 적 있으신 거예요. 그 마음일 거예요, 예진이도요. 집 나가면 고생인 걸 아직은 잘 모르겠지만, 어떻게 하겠어요? 아직 어린애니까요. 집을 나가겠다고 하는 예진이에게 화가 나실 수도, 원망스러우실 수도, 죄책감이 느껴지실 수도, 걱정스러우실 수도 있어요. 당연합니다. 그런데 어머님, 어쩌면 예진이는 지금 정말 집을 나가고 싶은 건지도 몰라요. 제가 감히 어머님께 반성하시라고 말하지는 못하지만, 분명한 건 어머님도 아버님도 한번쯤 진지하게 가정생활을, 예진이와의 생활을 살펴보셔야 한다는 것입니다. 예진이가 대체 왜 집을 나가고 싶어하는지 말입니다. 어쩌면 그건 예진이의 문제일 수도, 부모님의 문제일 수도, 가족 전체의 문제일 수도, 학교 문제일 수도, 사회적인 문제일 수도 있어요. 그게 꼭 누구 한사람만의 잘못이 아닌 경우가 많으니까요. 오늘 한번 예진이에게 얘기해 주시겠어요? "예진아, 요즘 어떻게 지내니? 혹시 엄마 아빠가 너가 집에서 좀 더 행복하게 지낼 수 있도록 도울 수는 없을까? 엄마 아빠 도움이 싫다면 다른 누군가를 선택해도 좋아. 너랑 마음이 잘 통하는 고모도 좋고, 할머니도 좋고, 선생님도 좋고. 엄마 아빠는 항상 네 뒤에 굳건히 버텨고 서있다. 그러니 언제든지 무엇이든지 우리에게 얘기해 줬으면 좋겠구나. 사랑한다, 예진아!"

from. 햇살쌤

마음문 노크하기
아이의 마음 노크하기

나는 이럴 때 집 나가고 싶더라!

나는 이럴 때 가출하고 싶어	이렇게 바뀌면 좋겠어	방안은?
예 : 친구집에서 놀고 싶은데 엄마가 안 된대	예 : 친구집에서 놀 수 있게 보내줬으면 좋겠어	예 : 엄마가 왜 반대하는지 이유를 물어볼까? 예 : 친구집 연락처를 알려주면 어떨까? 예 : 친구 엄마랑 우리 엄마랑 통화를 하면 어떨까?

부모님과 자녀가 함께 적어보면서 '가출' 말고 다른 방법을 찾아볼까요? 서로 이야

기가 잘 안 된다면 우선은 어떤 때 가출하고 싶은지를 쭉 적게 한 후, 부모님이 바라

는 모습을 적습니다. 그리고 부모님이 할 수 있는 역할도 적어보세요. 그런 다음 자

녀에게 보여주고 이야기를 시작합니다. 아이의 솔직한 이야기를 들을 때 직접적인

감정 표출은 금물입니다.

가족구조의 변화,

어떻게 받아들여야 해요?

　10쌍 중 5쌍 이혼, 한부모 가정 및 조부모 가정 증가 등 우리나라의 가족 구조는 갈수록 다양해지고 있다. 특히 이혼율이 급상승하는 요즈음 이혼 과정과 결과에서 발생하는 많은 문제들과 더불어 재혼 가족의 구성과 관계, 전 배우자와의 관계 등 생각해보아야 할 것들도 많다. 두 사람이 사랑해서 하나의 가정을 이루었지만 살다 보면 어쩔 수 없이 헤어지는 경우도 있다. 하지만 그 과정에서 가장 많이 상처 받는 것은 자녀들이다.

| 왜 이혼할 때 우리를 투명인간 취급해요?

　이혼 가정의 자녀들은 그렇지 않은 가정의 자녀들보다 정서적인 어려움을 겪을 확률이 훨씬 더 높다. 우울, 상실감, 죄책감, 분노, 불안, 외로움 등에 시달린다. 오랫동안 학자들이 지적한 바이다. 어느 가정이나 마찬가지겠지만, 자녀가 자랄수록 부모의 환경적·심리적 역할도 변해가고 그 과정에서 당연히 부모나 자녀나 서로가 겪게 되는 어려움이 있을 것이다. 게다가 가족 구조가 변하게 되는 상황까지 떠안게 되면 보다 안정적이고 지지적인 환경이 제공되지 않으므로 익숙해지기까지 저항이 있을 수도 있다.(평범한 가정에서도 자녀가 자라면 부모의 역할이 달라지게 마련이다. 그 과정에서 부모와 자녀 모두 굉장한 성장통을 겪는다. 이혼 가정이나 재혼 가정의 아이들이 겪는 성장통은 수위가 매우 높다. 안 그래도 심리적으로 불안하고 어려운 판에 굳이 신경 쓰지 않아도 될 가족 구조의 변형까지 떠안게 되니 아이들은 힘들고 지친다. 힘겹게 저항하기도 한다.)

예전과는 많이 달라졌다고 하지만 내가 지금까지 만나본 이혼 가정의 부모와 자녀 가운데 이혼 전 양쪽이 충분히 대화를 나누었다고 하는 경우는 거의 없었다.

샛별이는 초등학교 5학년 때 부모님이 이혼했다. 그 후 고등학교 2학년이 된 지금까지 엄마와 단 둘이 살았다. 어느 날 샛별이가 도벽, 우울증 및 등교 거부를 이유로 상담실에 찾아왔다. 샛별이 엄마는 샛별이가 느낄 상실감을 염려해서 샛별이가 해달라는 것은 다 해줬고, 신체적 접촉도 더 많이 했다고 한다. 이혼 후 초기에는 괜찮던 샛별이가 요즘 들어 저렇게 어긋나는 데엔 본인의 잘못도 있지만 아이가 조금 유별난 탓도 있는 것 같단다. 이제는 좀 버겁게 느껴진다는 말도 덧붙였다.

샛별이의 이야기는 조금 달랐다. 자기가 엄마아빠의 이혼 사실을 알게 되었을 때는 이미 엄마랑 아빠가 이혼한 후였다고 한다. 샛별이는 부모의 이혼 사유에 대해서도 전혀 들은 바가 없었다. 현재는 엄마랑 살고 있다. 예전에는 엄마 앞에서 아빠 이야기를 하거나 이혼 이야기를 꺼내지 못했는데, 요즘엔 아빠 이야기를 하는 것이 잘못된 게 아니라는 생각이 들어서—사실은 엄마 화나라고 일부러—자주 꺼낸다고 한다. 이 이야기를 하면서 샛별이는 몹시 힘들어했다. 이런 아이를 샛별이 어머니는 '유별난 아이'로만 보는 것 같아서 안쓰러웠다.

이혼 전후 자녀와 나누는 사려 깊은 대화는 샛별이처럼 부모의 이혼으로 힘들어하는 아이들에게 큰 도움이 된다. 부모의 이혼으로 가족 구조가 변하게 된다는 사실을 조금은 수월하고 자연스럽게 받아들이게끔 도와준다. 부모는 이혼 전후, 본인들뿐만 아니라 자녀에게 더욱 관심을 가지고 자녀가 이혼이라는 상황을 정확하게 인식할 수 있도록 도와야 한다. 그래서 자녀들이 느끼게 될 두려움이나 자포자기, 퇴행, 우울감과 같은 심리적 위기를 극복할 수 있도록 도와야 한다.

샛별이는 '이혼' 문제를 충분히 이해할 수 있는 상태였다. 게다가 엄마와 함께 부모의 이혼에 대해 좀 더 많은 이야기를 나누고 싶어 했다. 감정도 공유하기를 원했다. 반면 샛별이 어머니는 상담 시간에 '이혼'이라는 단어만 나와도 지나치게 조심스러워하면서 불편해 했다. 우리나라 부모들은 자녀가 어리다는 이유로 자녀를 믿지 못한다. 자녀가 본인들처럼 모든 상황을 객관적으로 판단할 수 있고 이해할 수 있다고 생각하지 않는다. 그래서 자녀를 배려한답시고 이혼 문제를 자녀들과 의논하기보다는 묵묵히 견디면서 혼자 결정을 내리고 나중에 최후통첩을 내리는 방법을 택한다. 거의 모든 문제를 자녀와 '이성적'으로 대화를 통해 해결하는 서구식 방법과는 상당한 차이가 있다.

부모의 이혼은 분명 커다란 변화이다. 물론 그 변화를 특정한 누군가가 책임지고 해결해야 하는 것은 아니다. 다만 그 변화로 받는 자녀의 충격이 최소화될 수 있도록 부모가 곁에서 도와야 하지 않을까?

외도, 경제적 문제, 가정 문제, 성격 차이 등등 이혼 사유는 매우 다양하다. 어느 선까지 자녀에게 이야기를 해야 할지 결정하는 것도 실은 매우 어려운 일이다. 그럼에도 불구하고 이혼이 자녀에게 미치는 영향을 생각할 때 우리 아이들은 부모가 왜 이혼을 결정하게 되었는지를 알 권리가 있다. 그래야 향후 가정이 어떻게 변할 것인지 예상하면서 자신이 그 변화를 어떻게 받아들일지도 생각해볼 수 있지 않을까?

샛별이는 지금껏 아빠의 외도가 이혼 사유라고만 생각했다. 그래서 아빠한테 화가 많이 났고, 오랫동안 연락도 하지 않고 지냈다. 그러다가 몇 년 전 할머니와 고모들이 하는 이야기를 듣고 사실은 아빠의 외도뿐만 아니라 엄마의 외도도 있었다는 것을 알게 되었다. 샛별이는 이루 말할 수 없는 배신감에 치를 떨었다. 도저히 엄마 얼굴을 볼 수가 없었다. 엄마라는 사람을 이해할 수도 없었다. 결국 아빠를 찾아갔고, 아빠와 함께 살고 있는 아줌마도 만나보았다. 나중에 집에 돌아왔을 때 엄마는 그 사실을 알고 샛별이에게 온갖 욕을 해댔다. 샛별이는 정말이지 정신을 차릴 수 없었다. 너무 충격을 받아서.

샛별이에겐 시간이 필요했다. 그동안 믿었던 엄마의 모습이 위선적이었다는 사실을 받아들이는 데, 자기 앞에서 아빠의 욕을 아무렇지도 않게 하는 엄마를 이해하는 데에도. 샛별이는 상담이 진행되는 동안 나에게 "선생님, 내가 정말 잘못한 거예요? 그래도 나한테는 아빠잖아요. 아빠를 만나는 게 그렇게 나빠요? 엄마도 잘못했잖아요?" 하고 물었다. 매번 서글픈 표정으로.

물론 샛별이 엄마는 딸아이가 자신을 편들지 않아서 서운했을 것이다. 아빠를 자꾸 만나려고 해서 섭섭했을 것이다. 그러나 샛별이 입장에서는 하나밖에 없는 아빠다. 그 아빠를 볼 때마다 엄마 눈치를 봐야 한다는 건 생각만 해도 슬픈 일이다.

과연 누구의 잘못일까? 어느 누구의 잘못이니 누가 고쳐야 하는 상황이 아닌 것은 분명하다. 그런데 샛별이도 엄마도 이 사실에 대해서 생각하지 않고 서로 자기의 입장과 감정만 생각한다. 그 결과, 샛별이 엄마는 우울증을 겪고 샛별이 역시 우울증과 무력감, 등교 거부 등의 문제를 일으키고 있는 중이다.

월칙(Wolchik. S. A, Arizona State University, 심리학자)는 부모가 이혼을 하게 되면 가급적 환경의 변화를 최소화하고, 이혼 후 자녀가 부모의 갈등으로부터 빨리 분리되어 정상적인 일상생활로 돌아올 수 있도록 도우라고 말한다. 학교생활이나 친구들 사이에서 문제가 생기기 전에 안정을 되찾는 일 또한 중요하다고 한다. 또, 이혼 후 자녀가 느끼는 스트레스가 부모들이 느끼는 것과 완전히 다를 수 있음을 인식하라고 권한다.

그는 "이혼 가정의 자녀는, 언젠가 예전처럼 부모와 함께 살게 될 거라는 희망을 가지고 원래의 가족 구조를 유지하려고 노력하게 되는데, 이때 부모가 무반응적인 태도를 보이거나 너무 확고하게 이혼을 결정했다는 사실을 강조하면 아이들은 이에 분노를 느낀다."고 말했다. 그러면서 "이러한 심리를 충분히 받아들이고 다독이는 게 부모의 역할이다. 그런 뒤에 이혼은 돌이킬 수 없다는 사실을 인식시켜야 한다. 어떤 아이들은 부모의 이혼을 자기 탓으로 돌리기도 한다. 자신의 노력이 부족했거나 자기 실수로 인해 이혼 문제가 불거진 거라고 생각하면서 죄책감을 느끼는 것이다. 부모는 아이들이 이렇게 느끼지 않도록, 그리고 부모의 문제에서 되도록 멀리 벗어나도록 충심으로 도와야 한다."고 설명한다.

많은 심리학자들은 연구를 통해서 취미와 특기가 분명하고, 유연한 성격을 가진 아이가 부모의 이혼으로 겪게 되는 심리적 문제를 보다 빨리 해결한다는 것을 입증했다. 자녀가 자기의 장점을 파악하고 소질 있는 분야를 찾아가면서 스스로 꽤 괜찮은 사람이라는 사실을 깨닫도록 도와주면, 심리적 문제가 비교적 오래 가지 않는다는 것이다.

갑작스러운 이혼 통보만큼 자녀를 혼란에 빠뜨리는 일은 없을 것이다. 부모 중 한 사람에게 다른 사람이 생겨서, 혹은 누구 한 사람이 너무 무능해서 도저히 함께 살 수 없다고 판단하는 순간일지라도 부모는 자녀에게 이를 갑자기 알려서는 안 된다. 아무리 힘들어도 시간을 두고, 부부가 살다 보면 서로 맞지 않을 수 있다는 것을 차츰차츰 이야기해주어야 한다. 이때 반드시 "이혼은 너희의 잘못이 아니라 엄마와 아빠 사이의 문제일 따름이다. 이혼 후에도 너희는 우리를 엄마아빠로서 언제나 만날 수 있다. 너희가 걱정해야 할 상황은 일어나지 않을 것이다. 그리고 이 결정은 우리가 심사숙고하여 내린 결정인 만큼 너희가 받아들여주기 바란다."고 사실을 충분히 전달하는 게 좋다.

아이들과의 정면 돌파가 힘들어서, 또 부모 입장에서 자녀에게 못할 짓을 한다는 죄책감에서 일방적으로 결정하고 일방적으로 통보하지 마라. 상황에 대한 결정권조차 갖지 못하고 그저 부모의 결정만을 따라야 하는 아이들의 입장을 한 번 더 생각한다면, 당신은 분명 이 지점에서 이야기를 시작해야 한다. "엄마아빠도 많이 생각하고 노력도 많이 했는데, 이렇게 되어서 너희한테 정말 미안해. 우리는 이제부터 이 상황을 어떻게 헤쳐나갈 것인지 너희랑 의논하고 싶어. 정말 미안하구나!"

샛별아,

엄마아빠의 이혼은 절대 네 잘못이 아니야!

너를 무시해서 그 사실을 숨겼던 것도 아니고. 하지만 아무런 문제가 없다고 생각했던 부모님이 갑자기 헤어져서 상처가 컸을 거야. 거다가 엄마아빠의 외도 사실까지 알게 되어 큰 상처를 받았을 것 같구나. 그렇지만, 그렇게 되기까지 엄마아빠가 얼마나 힘들었을지 한 번 생각해봐 주겠니? 엄마는 샛별이가 아빠를 만나는 것 자처가 싫은 게 아니라, 샛별이가 엄마를 이해해 주기 바라시는 거야.

솔직히 선생님이라도 엄마를 외면하고 아빠와 새엄마에게만 가면 서운할 것 같아. 네가 조금 더 어른스럽게 엄마의 상처를 감싸 줄 수 있었으면 좋겠구나. 그러면 엄마도 샛별이에게 서운한 마음을 잊고 진심으로 터놓고 대화할 수 있을 거야.

from. 햇살쌤

082

· 마음문 노크하기 ·
가족의 마음 노크하기

우리 엄마아빠는 왜?

우리 엄마아빠는 왜 결혼했을까?

우리 엄마아빠는 왜 헤어졌을까?

내가 바라는 우리 가족의(앞으로의) 모습

분리되어 있음의 지혜

그러나 당신 부부 사이에는 빈 공간을 두어서,

당신들 사이에서 하늘의 바람이 춤추도록 하게 하라.

서로 사랑하라. 그러나 서로 포개어지지는 마라.

당신 부부 영혼들의 해변 사이에는 저 움직이는 바다가 오히려 있도록 하라.

각각의 잔을 채워라. 그러나 한 개의 잔으로 마시지는 마라.

서로 당신의 빵을 주어라. 그러나 같은 덩어리의 빵을 먹지는 마라.

함께 노래하고 춤추며 즐거워하라. 그러나 각각 홀로 있어라.

현악기의 줄들이 같은 음악을 울릴지라도 서로 떨어져 홀로 있듯이.

당신 마음을 주어라. 그러나 상대방 고유의 세계 속으로는 침범하지 마라.

생명의 손길만이 당신의 심장을 가질 수 있기 때문이다.

그리고 함께 서라. 그러나 너무 가까이 붙어 서지는 마라.

사원의 기둥들은 떨어져 있어야 하며,

떡갈나무와 사이프러스나무는

서로의 그늘 속에서는 자랄 수 없기 때문이다.

_ M. 스캇 펙의 「아직도 가야 할 길」 중에서.

★2

꿈

공부는 미래를 책임지지 않는다

연령에 따라 해결해야 할 과제들
이 있다. 그 가운데 10대 친구들
에게 주어진 과제가 가장 까다롭
고 무겁다. 아직 자신이 누구인
지, 무엇을 해야 하는지에 대한
고민을 채 끝내지 못한 마당에,
또 자기 안에서 솟구치는 넘치는
호기심도 해결하지 못한 마당에
인생이 던져주는 과제까지 떠안
아야 하니까! 길고 복잡한 인생
길, 지금 청소년들의 마음은 어
디쯤 가 있을까? 그들은 무엇을
생각하고, 무엇을 꿈꾸고, 어떤
문제로 가장 많이 고민할까?

학교 가기

정말 싫다

　　부모들의 학창시절은 어땠을까? 엄마들더러 다시 학교에 가라고 하면 어떤 반응을 보일까? 아빠들은 학교 다닐 때 아침에 일어나면서 '아! 오늘도 학교를 가는구나! 정말 좋다!'라고 생각했을까? 엄마가 깨우지 않아도 기쁘게 '벌떡' 일어나서 '룰루랄라' 콧노래 부르며 등교했을까? 혹시 '학교에 꼭 가야 되는 거야?'라고 생각해본 적은 없을까? 이런 생각도 해보자. 학부모가 되고 난 후 잠든 아이들을 깨울 때 기분 좋게, 행복한 마음으로 깨운 적은 과연 몇 번이나 될까?

| 학교 가는 게 짜증나는 100가지 이유

　　청소년들이 학교에 가기 싫어하는 이유는 여러 가지가 있을 것이다. 어른들이 보기엔 말도 안 되는 것처럼 보이지만, 아이들은 심각하다.

초등학교 4학년 때 전학 온 상우는 너무 나댄다고 집단 따돌림을 당했다. 지옥 같았던 3년을 쥐죽은 듯 조용히, 묵묵히 견뎌내고 드디어 중학생이 되었다. 그러나 입학한 지 3일째부터 악몽이 또다시 시작되었다. 집단따돌림의 처지에 놓인 것이다.

중학교 2학년인 병국이는 공부를 정말 못한다. 노력하는데도 안 된다. 그래서 학교에 앉아 있는 것 자체가 최대의 고욕이다.

고등학교 3학년 혜진이. 요즘 너무 막막하다. 대학에 '가기는' 가야 하는데 어디를 가야 할지, 전공으로 뭘 택해야 할지 정말 모르겠다. 고3이라는 위치 자체가 그냥 스트레스다.

고등학교 1학년인 동수는 집과 학교 사이의 거리가 아주 멀다. 통학하는 데 자그마치 2시간 이상 걸린다. 집 근처 학교로 옮기고 싶지만 엄마가 '학군' 운운하며 통 말을 들어주지 않는다.

중학교 2학년 연지는 1학년 때 학년주임에게 찍혔다. 주임 선생님은 이제 무슨 일만 벌어졌다 하면 무작정 연지를 걸고 넘어진다. 처음엔 억울했지만 연지는 이제 변명조차 하기 싫다. '아유, 지겨워!'

이 밖에도 청소년들이 학교에 가기 싫은 이유는 정말 여러 가지다.

아마 학생 수만큼 많을 것이다. 어른들은 올챙이 적 시절 다 잊어버리고 아이들에게 종주먹을 들이댄다. "그게 무슨 이유가 되냐?", "야, 인마, 핑계 대지 말고 얼른 일어나!", 심지어 "너 그렇게 학교 가기 싫어하다간 나중에 백수 된다!"고 악담을 퍼붓기도 한다. 어른들 생각이 이런데 무슨 대화?

'내 마음 나도 몰라'인 요즘 아이들의 속마음을 들여다보자. 잦은 무단결석 때문에 나와 진지하게 이야기를 나누었던 아영이와의 일문일답을 정리한 것이다.

"선생님, 저는 학교 근처에만 가도 가슴이 답답해요. 학교에 앉아 있으면 하루 종일 가슴이 터질 거 같아요. 꾹 참고 있다가 정규 수업만 마치면 곧장 집으로 가요."

아영이는 학교를 단순히 싫어하는 게 아니었다. 근처에만 가도 가슴이 답답해진다니, 얼마나 심각한 일인가. 어느 날 상담실에 찾아온 아영이에게 말을 건넸다.

"아영아, 너 다크써클이 무릎까지 내려왔다."

웃자고 한 말인데, 아영이 반응은 다르다.

"선생님, 학교 정말 가기 싫어요."

다짜고짜 또 학교에 가기 싫다고 한다.

"그렇게 가기 싫으면 안 가면 좋겠네. 근데 아영아, 네가 그렇게 싫어하면서도 학교에 다니는 이유는 뭐야?"

"안 가면 엄마한테 혼나잖아요? 학교 선생님한테도 혼나고."

이렇게 대답해놓고 또 시무룩해진다. 나는 아랑곳 않고 물었다.

"그럼 네가 학교에 다니는 게 순전히 엄마 때문이야? 엄마가 뭐라고 안 하면 안 갈 거야?"

아영이는 대답이 없다. 시간차 공격이다! 얼른 다시 물었다.

"만약에 말이지, 아영이 너, 학교에 안 다녀도 된다고 하면 뭐 하고 싶어?"

대답을 못하고 잠시 우물쭈물하다가 아영이가 기어들어가는 목소리로 대답했다.

"뭐 그냥, 어디, 여행이나 갔으면 좋겠어요!"

참 즉흥적이다. 아이들에게 학교 다니기 싫은 이유를 물어보면 절실하고 구체적인 이유를 수십 가지씩 댄다. 반면 현재 학교에 다니는 이유를 물어보면, 혹은 학교에 다니지 않게 되면 무엇을 할 건지 물으면 대체로 "검정고시 볼 거예요.", "고등학교는 졸업해야 되니까요.", "안 가면 엄마아빠한테 혼나요.", "안 가려고 하는데 자꾸 보내요!"라고 대답한다. 조금도 구체적이지 않다. 게다가 '자기 의지'는 쏙 빠져 있다. 결국 아영이와 나는 '우리의 상담 목표'를 '학교에 다니지 않아도 좋을 이유와 방법 찾기'로 삼게 되었다.

학교는 싫지만 대학은 좋아!

학교 가는 것이 설레면 얼마나 좋을까? 그저 '졸업장 따기 위해', '고등학교는 졸업해야 무시당하지 않으니까'가 아니라 하고 싶은 것을 이루기 위해서는 학교 다니는 과정이 필요하니까, 혹은 학교에 가면 어떤 점이 좋으니까 등의 이야기를 한다면 얼마나 좋을까?

학교에서 최소한 얻을 수 있는 게 정말 졸업장뿐일까? 실제로 학교에 적응하지 못하고 학교를 그만두는 아이들, 혹은 그만두려는 학생들 때문에 부모들이 고민하는 가장 큰 이유 역시 졸업장인 것 같다. 다 같은 생각이다. 즉 '고등학교 졸업장이라도 있어야 뭐라도 할 수 있는 거 아니냐?'이다. 안타까운 일이지만, 학교에 다니는 이유를 학생 스스로 만들지 못하고 부모가 만들어준다. 요즘 우리나라의 교육 현실이다.

예전에 내담자들에게 물어본 적이 있다.

"너는 학교가 어떻게 변했으면 좋겠니? 어떻게 변하면 학교 가는 게 조금이나마 덜 싫어지겠니?" 그랬더니 아이들은 "공부 안 하면요.", "내가 공부를 잘 하면요.", "학주(학년주임)가 없으면요.", "니 마음대로 학교를 다닐 수 있게 해주면요.", "내 마음대로 수업 듣고 싶으면 듣고, 안 듣고 싶으면 안 듣고 그렇게 되면요." 등등의 이야기를 쏟아놓았다. 그때는 '참 자기 위주로구나!' 하고 넘겼다. 하지만 지금

이 순간 다시 한 번 심각하게 고민할 수밖에 없다. 어떻게 하면 학교 가는 길이 가슴 설렐까? 설레길 바라는 게 욕심이라면, 그나마 조금 이라도 덜 싫어하게 만들려면 우리는, 또 학교는 어떻게 해야 할까?

대학입학 문제를 생각해본다. 대학을 필수라고 생각하지 않는, 그러나 필요하면 가겠다는 학생들까지 포함한다면 막상 대학에 가기 싫다는 학생은 그리 많지 않다. 고3까지는 죽어라 학교에 다니기 싫다고 하다가도 막상 고3이 되면 왜 또 대학에 가고 싶어할까? 대학이 주는 설렘이 따로 있는 것일까? 성인이 되면 고등학생 때까지 받던 시시콜콜한 간섭이 없어진다는 이점도 있지만, 사실 대학이 주는 진짜 설렘은 자기 스스로 무엇인가를 할 수 있다는 게 아닐까? 주어진 대로, 시키는 대로 학교생활을 하는 게 아니라 본인이 주도적으로 학교생활을 할 수 있기 때문이 아닐까? 사회에 진출해야 하는 부담은 있지만 그런 부담감보다 주체적으로 살아가는 것에 대한 즐거움 때문에 대학생활에 설렘을 갖는 게 아닐까?

나는 지금 거창하게 우리 사회와 교육의 구조적인 모순을 들추려는 게 아니다. 사교육의 과열, 공교육의 붕괴, 입시위주의 교육을 논하자는 게 아니다. 다만 앞서 언급했던 것처럼 청소년들이 학교에 가는 것을 조금이나마 즐겁게 생각했으면 좋겠고, 더불어 학교가 제기능을 다 하는 데서 아이들이 그 가능성을 보기를 바랄 뿐이다.

| 이런 분위기, 좋지 아니한가?

서울시 청소년상담지원센터(2001)가 서울시내 중고생 1,053명을 대상으로 실시한 실태조사에 따르면, 지난 한 달 동안 학교를 그만두고 싶다는 생각을 해본 적이 있느냐는 질문에 53.5%가 '그렇다.'고 응답했다. 특히 실업계 고등학생들은 65.1%가 '그렇다.'고 응답했다. 실제로 2009년 통계청 조사에 의하면, 지난 3년간 입학정원 대비 학업을 중단하는 청소년의 비율이 점차 높아지고 있다.

이것이 학교에 적응하지 못하는 청소년 개인의 문제일까? 아니다. 청소년과 교사, 부모, 또래 등 청소년을 둘러싼 모두의 문제이다. 전문가들은 이야기한다. 좀 더 허용적인 분위기가 조성된다면, 좀 더 아이들을 지지하는 분위기가 조성된다면 아마도 학교를 그만두고 싶어하는 청소년들이 훨씬 줄어들지 않겠느냐고.

조금 이상적이긴 하지만 방법은 있다. 교사들이 학교에 오는 아이들을 진심으로 환영하면 어떨까? "오늘도 학교에 오느라고 힘들었겠구나!"고 말해보면 어떨까? "10분 늦을 수도 있고 혹은 아예 안 나올 수도 있었을 텐데, 5분밖에 안 늦은 걸 보니 참 기특하다!"고 다독이면 좋지 아니한가? 좀 더 나아가 공부를 못하는 학생에게 어느 단계에서 막혔는지 살펴주고, 공부가 인생의 전부가 아님을 '진심으로' 이야기해주고, 학교에서 자신이 하고 싶은 일을 준비할 수 있도록 차근차근 도와준다면 어떨까?

예전에 부모교육을 하면서 "오늘은 집에 가서 자녀에게 요즘 듣고 싶은 말이 무엇인지 물어보세요." 했던 적이 있다. 그랬더니 뜻밖에도 아이들은 "오늘도 수고 많았다."는 이야기를 듣고 싶다고 했단다. 많은 어머니들이 그 이야기를 하면서 웃었다.

사실 우리 어른들은 아이가 귀가하면 "오늘은 뭐 배웠니?"라거나 "오늘 숙제는 뭐니?" 혹은 "밥 먹고 얼른 학원에 가라!"는 말을 입에 달고 산다. 일하고 돌아온 남편(아내)에게 "오늘 돈 많이 벌었어?" 하고 묻는 것과 다를 바 없다. 이제부터라도 '하루종일 애쓴 사람'으로 아이를 바라보면 어떨까? 공부를 좀 못해도, 시험성적이 좀 좋지 않아도 아이를 안아주면서 "자, 우리 같이 잘할 수 있는 걸 찾아보자!"고 이야기하면 어떨까? 너무 이상적이라고 생각한다면 자신의 학창 시절을 한 번쯤 떠올려보기 바란다. 그 시절 당신이 정말 원하는 게 무엇이었나? "잘했어, 우리 딸! 하루종일 딱딱한 의자에 앉아 공부하느라 고생 엄청 했다!" 하는 말 한 마디 아니었을까?

to. 아영아,

학교 다니기 싫을 때가 있어. 어른들도 회사 나가기 싫을 때가 더 많거든. 어느 때 회사 가기 싫으냐고? 음, 일이 너무 많을 때, 나는 엄청 열심히 일하는데 연봉은 오르지 않을 때, 또 바깥 날씨가 너무 좋아 사무실에서 일하는 게 아까울 때, 집에 두고 온 어린 딸내미 저녁밥 혼자 먹는 거 생각할 때, 보통 그렇지 뭐.

아영이가 학교 다니기 싫은 이유는 뭐니? 만일 학교에 가기 싫은 이유가 사라진다면, 어떨 거 같아? 그래도 가기 싫을까? 한번 생각해 보렴.

우리 먼저, 정말로 학교 다니기 싫은 이유가 무엇인지 생각해 보자. 그리고 함께 해결책을 찾아보자. 선생님도, 엄마 아빠도, 그리고 상담 선생님도! 분명 길이 있을 거야.

너를 단순히, 그리고 무작정 학교에 보내겠다는 게 아니야.

단순히 '고등학교 졸업장을 따게 하려고' 그러는 게 아니란다.

왜 아영이가 학교를 다니는지, 학교 다니면 뭐가 좋고 뭐가 안 좋은 건지 곰곰 생각해 보자는 거야.

어때? 우리 솔직하게 한번 이야기해 볼까!

from. 햇살쌤

097

마음문 노크하기

엄마와 아이의 마음 노크하기

학교에서 느낄 수 있는 재미들

학교에서 느낄 수 없는 재미들

내가 원하는 학교의 모습은? (그림으로 그려볼까요?)

어때요? 조금은 정리가 되었나요? 자, 내가 원하는 학교의 모습이 현실감이 있는 거라면 그런 모습을 만들어보도록 나부터 노력하는 건 어때요? 어렵죠? 그렇다면 우선은 학교에서 느낄 수 있는 '재미의 요소'들을 더 많이 만들어보는 건 어떨까요?

공부는

꼭 해야 하나요?

청소년에게 학교공부는 꼭 필요한 걸까? 그냥 집에서 하고 싶은 것만 공부하면 안 되나? 혹시 부모나 어른들이 필요하다고 생각해서 본인들의 기준에 맞춰 '공부'라는 틀을 정해놓은 건 아닐까? "공부가 인생의 전부는 아니야!"라는 말이 이제는 망언종결자의 말처럼 들리는 이유는 뭘까? 왜 우리 사회에서는 꼭 학교공부를 잘해야 하고, 좋은 대학을 나와야 대접을 받는 걸까? 왜 입을 모아 공부를 강요하는 걸까?

| 냉장고 하나 살 때도 이것저것 따지면서 공부는 무조건?

올해 고3이 된 수현이는 공부를 잘하고 싶어한다. 그만큼 노력도 많이 한다. 책도 많이 읽고 책상에 앉아 있는 시간도 긴 편이다. 하지만 노력에 비해 성적이 잘 나오지 않아 고민이 많다. 수현이는 아침부터 밤까지 공부에만 매달려야 하는 이유를 잘 모르겠다고 하소연한다. 다만 학급 친구들이 모두 공부하고, 부모님이 원하고, 선생님이 시키니까 하는 거라고 말한다. 심리적 압박감도 커보인다.

"선생님, 왜 학생들은 무조건 공부를 잘해야 해요?" 하고 묻는 수현이에게 달리 해줄 말이 없다. 너나 할 것 없이 쏟아내는 뻔한 멘트는 사양하고 싶다. 그렇다고 딱히 정확한 답도 없다. 결국 나 스스로 '공부를 꼭 해야 하나?'라고 질문을 던져볼 수밖에.

학업 문제로 고통받는 아이들에게 "왜 공부하느냐?"고 물어보았다. 우문현답愚問賢答을 기대한 건 아니지만, 아이들의 대답 속에는 목적의식이 전혀 없다. 보통 아이들은 이렇게 대답한다.

"다 하는데 나만 안 하면 이상하잖아요."
"부모님이 하라고 하니까요."
"나중에 좋은 대학 가려고요."
"그냥 할 게 없어서요."
"공부 안 하면 맞아요!"
"엄마가 그러는데, 공부 잘해야 나중에 시집도 잘 간대요."
"좋은 회사 가려면 좋은 대학 나와야잖아요?"

대부분 이런 대답들뿐이다. "제가 열심히 공부하는 이유는 바로 이거예요!" 하고 자신 있게, 속시원히 대답하는 학생은 거의 없다. 비단 학생들만의 문제는 아니다. 어른들 역시 마찬가지다. 어렸을 때, 공부하는 이유가 무엇인지 자문해본 적이 있는가? 혹은 어른이 되어 일을 하고 경제활동을 하면서 내가 왜 돈을 벌어야 하는지 스스로에게 물어본 적이 있는가? 자녀에게 "네가 공부하는 이유가 뭐니?"라고 물어본 적이 있는가?

청소년기에는 학업 때문에 파생되는 문제들이 너무나 많다. 그럼에도 불구하고 왜 공부를 해야 하는지에 대해서 심사숙고하게 해주지 못한다. 그냥 '무조건'이다. 그만큼 우리의 사고思考환경은 열악하다. 성적 때문에 스트레스를 받아서 등교를 거부하고, 심하면 자살충동까지 느낀다. 성적 때문에 교사로부터 차별을 받는다고 느끼는 아이들도 많다. 또 실제로 차별을 받기도 한다. 이러한 상황이 반복되면 아이들은 정서적으로 불안해지고, 자신감을 잃고, 당연히 자존감은 낮아진다.

이런 맥락에서 보면 청소년기의 학업은 그들을 이해하는 가장 중요한 키워드 가운데 하나임이 분명하다. 이렇게 중요하고 영향력이 큰 학업 문제에 대해 왜 우리 어른들은 청소년에게 직접 생각하고 선택할 수 있는 기회를 주지 않을까? 안타까울 뿐이다. 날이 갈수록 "무조건 해야 한다, 무조건 잘해야 한다!"고 강요하는 것 같다.

공부하는 이유를 학생 스스로 찾도록 도와주자. 부모나 교사가 던져준 많은 이유들은 어쩌면 눈속임에 불과한지도 모른다. 그들의 속마음은 하나다. "좋은 성적 내서 좋은 대학 가고, 좋은 직장 잡아서 번듯하게 결혼하고, 돈 많이 벌어서 남보다 편안하게 살아라!" 하지만 밖에서 날아온 이유에 마음으로 승복할 사람은 없다. 당신이 부모나 교사라면 학생 스스로 공부해야 하는 이유를 찾도록 자극하라. 만일 이 글을 읽는 여러분이 학생이라면 혼자 끙끙대며 불평하고 스트레스만 받지 말고, 꾸준히 스스로에게 질문해보라. "너, 왜 공부하냐?"

┃ 책상은 오락실이 아니다

공부할 이유를 찾았다. 목적이 뚜렷해지니 신이 난다. 그런데 문제가 아직 남아 있다. 공부는 잘하고 싶은데, 공부를 잘했을 때 맛보는 성취감도 계속 즐기고 싶은데 그게 잘 되지 않는다면? 자, 이럴 땐 어떻게 해야 하나?

한번 자신을 점검해본다. 실제로 공부하기 위해 책상에 앉아 있는 시간은 얼마나 되나? 책상에 앉아서 책상을 정리하고, 다이어리를 적고, 웹서핑하는 시간을 제외하고 내가 순수하게 공부에 집중하는 시간은 과연 얼마나 될까?

이번에는 좋아하는 과목, 싫어하는 과목, 공부가 잘 되는 과목, 그렇지 않은 과목에 대해서 생각하자. 암기 과목이 싫은지, 실습 과목이 좋은지, 집중이 안 되는 이유가 무엇인지 살피는 것이다. 내친 김에 공부하는 환경은 어떤지, 나의 학습 수준은 어느 정도인지, 암기 과목을 정복하는 요령이 있는지, 자신 있는 과목은 무엇인지, 유난히 잘하는 과목이 있다면 그 이유는 무엇인지를 따져본다. 그리고 나만의 학습 스타일을 생각해보자.

사람들은 흔히 공부를 못하는 이유를 머리가 나쁘기 때문이라고 생각한다. 하지만 이것은 옳지 않다. 청소년기의 공부는 뛰어난 지능과 이해수준을 요구하지 않는다. 태도와 습관에 좌우되는 경우가 더 많다. 먼저 자신의 장점과 단점을 찾아보고, 무엇을 보완하고 연습해야 할지 결정하라. 노력만 제대로 한다면 공부는 누구나 잘할 수 있다.

지금 당장 책상 위를 보자. 책이 널브러져 있지 않은가? 그렇다면 그것부터 정리하자. 혹시 책상 위에 MP3, 잡지, 만화책 등이 있나? 언제든지 손만 뻗으면 놀 수 있는 컴퓨터가 있나? 그것들과 과감히 멀어져보자. 단순히 분위기를 쇄신하는 의미로 책상을 정리하는 것도 좋다. 지금만큼은 말이다. 책상 정리를 할 때, 모든 것을 꺼내서 정리하려고 한다면 오늘 공부는 다 했다고 봐야겠다. 정말 공부할 생각이라면 일단 공부하는 데 필요한 자리만 정리하자.

공부하기 위한 장소가 혼자 있는 공간이 아니라 TV가 있고 가족이 이야기하는 소리가 들리는 곳이라면 혼자 있을 수 있는 공간으로 자리를 옮기라. 공부할 수 있는 환경만 만들어도 공부를 절반은 시작한 것과 다름없다.

잠깐 동안 책상에 앉아 있었는데도 좀이 쑤시거나 딴 생각이 많이 난다면 과감히 책상을 떠나라. 그리고 공부할 마음이 생겼을 때 다시 책상에 앉는다. 공부에 재미를 붙이기 전까지 책상에서는 공부만 하라. 책상에 앉아서 다른 일을 하다 보면 책상은 어느새 놀이터로 변한다.

이제 공부할 분위기는 충분히 조성되었다. 환한 곳에서 공부하는 게 좋다면 불을 환히 밝히고, 깊이 집중할 분위기가 요구된다면 책상 위만 밝혀주는 삼파장 스탠드를 사용하라.

공부할 과목의 성격을 파악하라

오늘은 무슨 과목을 어디까지 공부할 것인지 계획을 세운다. 절대 '몇 시까지'라는 식의 계획은 금물이다. 그것보다 좀 더 현실감 있는 계획을 세우자. 시간이 부족하다고, 할 게 많다고, 모든 걸 한 번씩은 다 보아야 한다고 무리한 계획을 세우는 것은 내심 '포기'하겠다는 뜻이나 다름없다. '대충, 많이'보다 '적은 양이라도 확실히' 아는 것이 중요하다.

공부할 과목이 정해졌다면 과목의 성격을 파악한다. 원리를 이해하는 게 관건인지, 단순한 암기과목인지, 실습하면 효과가 좋은 건지,

여러 명이 해야 효과적인 과목인지를 먼저 판단한다. 성격분석이 끝났다면 본인의 학습 스타일과 연관지어 생각한다. 어떤 학생들은 공동작업을 힘들어한다. 또 어떤 친구들은 반드시 원리를 알아야만 암기가 된다. 누군가에게 설명해주면서 공부하길 즐기는 사람도 있고, 시청각 자료를 애용하는 학생도 있다. 나는 어떤 스타일인가? 나의 학습 스타일이 '오늘 공부할 과목'과 잘 어울리는가?

공부를 데이트하듯 즐기는 건 어떨까? 처음 남자(여자) 친구를 만나 데이트를 시작할 때 궁금한 게 많은 것처럼, 또 이것저것 맞춰가려고 서로 노력하는 것처럼, 공부도 그런 식으로 접근해본다. 과목에 나를 맞춰야 하는 경우도 있고, 애써 노력하지 않아도 나랑 잘 맞는 경우도 있으니까! 이성 친구를 만나 데이트할 때는 궁금한 게 정말 많다. 뭘 좋아하는지, 어떤 스타일인지, 내가 어떻게 맞춰가야 계속 만날 수 있을지 고민하고 또 고민한다. 궁금한 게 많아지면 관심은 증폭되게 마련이니까!

혹시 공부가 잘 되지 않는다면 무작정 밀어붙이지 말고 생각하는 시간을 갖는다. 먼저 동기가 부족한 건 아닌지 체크하라. 왜 공부해야 하는지에 대한 뚜렷한 목표와 학습에 대한 흥미가 없다면 오래 공부하기 힘들다. 지금 하는 공부가 장차 나의 미래에 어떤 영향을 줄지, 어떤 식으로 도움을 줄지 먼저 생각하라. 자발적이고 즐거운 공부는 머릿속에 오래 남는다.

이제 집중력을 점검한다. 집중이 '그냥' 안 되는 경우란 거의 없다. 집중이 안 된다는 건 분명 방해하는 무엇인가가 있다는 뜻이다. 먼저 방해 요인을 찾는다. 졸음이 쏟아져서인지, 주변이 시끄러워서인지, 게임 생각 때문인지 등등 무엇이 문제인지를 먼저 알아내야 한다. 원인을 파악했다면 무시하지 말고 해결하고 넘어가라. 졸음이 쏟아진다면 의자에 앉은 채 잠시 눈을 붙인다. 게임이 하고 싶어 미칠 것 같다면 시간을 앞당겨 공부를 끝낸 후 컴퓨터를 켜라. 참고 공부한 자신에게 주는 보상이라고 생각하면서.

집중이 필요한 순간에는 최대한 내 안에 있는 모든 에너지를 모아야 한다. 조금이라도 주의를 흐트러뜨리는 요소가 있다면 적극적으로 통제하라. 집중력이 많이 떨어진다면 시간을 조금씩 늘려가면 어떨까? 오늘은 20분, 내일은 25분······. 이렇게 차츰, 조금씩 집중하는 시간을 늘리다 보면 어느새 "영미야, 밥 먹어라!" 하는 소리도 들리지 않을 만큼 공부에 몰두한 자신을 보게 될 것이다.

암기력이 부족하다면, 나만의 암기법을 만들어보는 것은 어떨까? 공부를 잘 못하는 학생들의 특징은 중요한 내용과 그렇지 않은 것을 잘 구분하지 못한다는 것이다. 혹시 관련 없는 사항까지 외우려고 애쓰고 있지는 않나? 내 공부에 필요한 자료에만 집중하자.

개인마다 암기하는 방법과 효과적으로 할 수 있는 요령은 다를 수 있다. 하지만 근본적으로 암기력을 높이는 데는 예습과 복습이 도움이 된다. 어떤 학생은 주변의 친구들에게 가르쳐주면 오히려 더 잘 외울 수 있다고 말한다. 혼잣말을 하면서 암기하는 학생들도 많다. 스터디 그룹을 만들어서 공부하면 공부가 잘된다는 아이들도 있다. 또 자기만의 방법으로 이미지를 떠올리면서 암기하는 경우도 있고, 이야기를 만들거나 다른 것과 비교하며 암기하는 경우도 있다. 무조건 빨리 외우려고 하는 대신 '나만의 암기법'을 찾아보자. 그 편이 장기적으로 보았을 때 훨씬 효과적이다. 공부는 단거리 게임이 아니니까.

혹시 선행학습이 문제라면 어떻게 해야 할까? 선행학습이 100% 좋은 공부방법이라고 말할 수는 없다. 하지만 어떤 면에서는 도움이 되는 게 사실이다. 요즘은 미취학 아동들도 학교에 가기 전 유치원, 어린이집 등의 기관에서 기본적인 공부를 마친다고 한다. 하지만 선행학습이 부족하다고, 무작정 지금 해야 할 공부를 미루고 선행학습 위주로 공부하는 것은 바보 같은 짓이다. 만약 지금 배우고 있는 내용을 다른 친구들은 다 아는데 나만 모르는 것 같아도 당황하지 마라. 그들은 그저 '미리 몇 번 보았을' 뿐이다. 그들이 미리 본 것을 나는 '한 번에 제대로' 봐버리면 되지 않을까? 말처럼 쉽진 않겠지만, 순서 없이 공부하거나 아예 포기하는 것보다 훨씬 좋은 방법이다. 늦었다고 기죽지 말고, 한 번 볼 때 제대로!

배웠는데도 따라가지 못하는 내용이 있다면 당연히 그 부분을 보충해야 한다. 어느 부분에서 막히는지, 어떤 내용을 이해하지 못하고 있는지 정확히 파악하고 다시 한 단계 앞부터 시작한다. 계단을 오를 때 갑자기 몇 계단씩 뛰어오르는 것보다, 한 계단씩 올라야 계단 끝에 쉽게 다다를 수 있듯이 공부도 그렇게 해야 한다. 여러분의 절대 능력이 부족해서가 아니다. 누구에게나 가능성은 있다. 빈 말이 아니다. 그러므로 천천히, 단 쉬지 말고 노력하라. 천천히 올라가는 게 급하게 서두르다 굴러떨어지는 것보다 백 번 낫지 않은가?

to. 수현아,

네가 공부해야하는 이유를 생각해보자. 만일 필요 없다면 굳이 하지 않아도 된다. 근데, 수현아 너는 잘하고 싶은 거잖니? 공부라는 거. 그건 구분을 해야하지 않겠니? 공부를 왜해야하는지에대한 물음과 공부를 잘하고 싶은데 어떻게해야하는지에 대한 물음은 확실히 구분해야한다. 그래야 수현이 네가 앞으로 어떤 것을 잡고 가야할지에대한 방향이 보일테니까. 그동안 고생이 참 많았다. 그저 시키는 대로만 해왔으니, 그저 해야하는 것으로만 알고 해왔으니까. 그래도 나름 노력하자고 했는데 성적은 제대로 나오지 않으니 그만큼 절망감도 컸겠다. 우선 공부를 왜해야하는지에대한 답은 잘 모르겠지만 그래도 잘하고 싶은 거라면, 우리 생각해보자꾸나. 수현이의 학습 유형은 어떤지, 학습에관한 성공 경험은 어떤 것들이 있는지, 네가 좋아하고 잘하는 과목은 무엇인지. 어떻게 넌 그 과목을 잘하게되었니? 잘하는 과목을 공부하는 너를 살펴보자. 어떻게하고 있니? 수현이 네가 못 하는 과목은 뭐니? 어느 수준에 멈춰있는 거니? 내 수준을 파악해야앞으로 더나아갈 수 있다는 것은 수현이도 잘 알고 있지? 수현아, 그렇게 천천히 천천히 생각해보자! 급한건 없어. 네 나이가 몇이든, 시험까지 며칠 남았든지! 지금 이 순간 급하게 생각해서 좋을 건 하나도 없으니까, 우리 한번 천천히 길이 생각해보자.

from. 햇살쌤

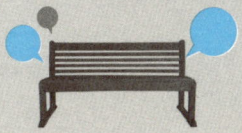

• 마음문 노크하기 •
아이의 마음 노크하기

읽기전략

교과서의 내용을 잘 이해하고 핵심을 파악하는 능력을 기르려고 할 때 가장 효과적

인 방법으로 SQ4R 전략을 연습해보자.

1. 훑어보기 Survey

① 읽어야 할 교과 내용의 제목은 무엇인가?

② 소제목은?

③ 표나 그림이 몇 개나 있나?

2. 질문하기 Question

• 제목들을 의문문으로 바꾸어보자.

3. 답을 찾으며 읽기 Read

• 질문과 관련된 중요 내용에 밑줄을 긋거나 표시를 했나? 질문과 관련된 중요 내

용을 요약해보자.

4. 떠올리기 Reflect

• 새로운 내용과 이미 읽은 제목, 내용 등을 떠올려 연합한다.

5. 외우기 Self-Recitaion

• 책과 정리한 내용을 보지 말고 요점을 적어보자.

6. 마무리하기 Review

① 읽은 내용은 무엇에 관한 것인가?

② 직접 만든 질문을 보지 않고 기억할 수 있나?

③ 그 질문에 대답할 수 있나?

④ 자, 이제 책을 덮고 지금까지 공부한 것을 정리해보자.

출처 : TestOn(주)

시험전략

1. 시험 전

• 꼼꼼하게 학습계획표를 작성한다.

• 과목별로 학습할 내용을 미리 확인한다.

• 공부 후 시험문제를 예상해본다.

2. 시험 볼 때

- 기억하기 어려운 문제는 정리하여 시험보기 직전에 복습한다.

- 시험지를 받으면 전체 문제를 눈으로 훑어보고 시간을 배분한다.

- 문제를 풀 때 구체적으로 무엇을 원하는지 밑줄을 그어가며 푼다.

- 쉬운 문제부터 풀고 어려운 문제는 나중에 푼다.

- 문제를 다 푼 후 마지막 몇 분 동안 시험지를 전체적으로 검토한다.

3. 시험 후

- 시험지 오답 정리

  : 시험지에 날짜와 시험 주관처를 적는다.

  : 실수로 틀린 문제와 몰랐던 문제를 구분해 채점한다.

  : 실수한 문제는 실수의 원인을 분석한다.

  : 모르는 문제는 다시 그 문제를 풀어보고, 그 문제와 관련된 자료를 적는다.

- 시험 결과에 대한 원인을 분석한다.

- 정확한 시험 결과 분석을 통하여 학습전략을 수정 · 보완한다.

4. 시험 시간계획 세우기

- 시험 시작 3주 전부터 실현 가능한 공부시간을 고려하여 시간계획을 세운다.

- 과목별로 학습할 분량을 구체적으로 확인해보자.

• 과목별 학습목표를 이해 → 점검 → 암기 순으로 나눠본다.

• 예상점수는 먼젓번 시험보다 10~20% 정도 높게 잡는다.

• 주요과목과 암기과목, 어려운 과목과 자신 있는 과목으로 나누어 시간을 배분한다.

• 계획이 어긋나 빠지더라도 전체 계획을 미루지 말고 빠진 부분만 보충하도록 한다.

• 계획이 평소보다 너무 무리하지 않은지 생각해보고 문제가 있다면 수정한다.

• 시험계획표를 여러 장 복사하여 공부하는 장소에 모두 붙여둔다.

• 매일 계획대로 진행되었는지 평가하는 시간을 갖는다.

출처 ; TestOn(주)

오답노트 만들기

시험명 :   고사   과목 :   시행일자 : 년 월 일

문제	내가 한 답		
	문제의 정답		
	오답의 원인	실수	몰랐음
	정답과 관련하여 찾은 교과서나 참고서의 내용		

문제	내가 한 답		
	문제의 정답		
	오답의 원인	실수	몰랐음
	정답과 관련하여 찾은 교과서나 참고서의 내용		
문제	내가 한 답		
	문제의 정답		
	오답의 원인	실수	몰랐음
	정답과 관련하여 찾은 교과서나 참고서의 내용		
문제	내가 한 답		
	문제의 정답		
	오답의 원인	실수	몰랐음
	정답과 관련하여 찾은 교과서나 참고서의 내용		

출처 : 한국심리자문연구소(2006) 신나는 학습클리닉 프로그램 매뉴얼

처음에 틀린 문제가 너무 많아서 작성하기 귀찮을 수 있어요. 그래도 꼭 해보기를 권합니다. 분명 성적이 향상될 거예요!

앞으로

뭘 해먹고 살죠?

청소년들이 상담실에 찾아와 진로에 대한 고민을 털어놓을 때마다 나는 참 답답하다. 대개 자기가 정말 원하는 게 무엇인지, 무엇을 하고 싶은지, 어떤 모습으로 살아가고 싶은지 잘 알지 못하기 때문이다. 자신이 원하는 것을 이루는 데 문제가 생겼다거나 자신의 바람과 부모의 바람이 달라 고민하는 학생은 드물었다. 대부분 주변 사람들의 시선을 의식하느라 생긴 고민 때문에 갈등한다. 모두 남들처럼 살아가려다가 겪는 문제들이다.

| 쌤, 내 맘대로 꿈꿀 수가 없어요!

아이들은 정말 고민이 많다. 하고 싶은 게 많지만 정작 할 수 있는 건 별로 없고, 되고 싶은 것도 많지만 과정이 너무 버겁다. 그렇다고 꿈 많은 청소년기에 "될 대로 되라!"며 창창한 인생을 손에서 놓을 수도 없다. 아이들과의 진로 상담 내용을 살펴보자.

학생 : "이과를 가야 할까요, 문과를 가야 할까요?"

햇살쌤 : "잘하는 과목과 좋아하는 과목이 뭐니?"

학생 : "제 적성이 뭘까요?"

햇살쌤 : "그걸 나한테 물어보면 안 되G!"

학생 : "하고 싶은 게 없어요."

햇살쌤 : "노는 것도 싫어? 음악 듣는 건? 찾아보면 하고 싶은 게 얼마나 많은데……."

학생 : "제게 맞는 직업은 없는 것 같아요."

햇살쌤 : "세상에 12,000가지가 넘는 직업이 있는데, 그걸 다 알아본 거니?"

학생 : "앞으로 뭘 해먹고 살죠?"

햇살쌤 : "일단 네가 뭘 해서 먹고 살고 싶은지를 알아야지.

학생 : "상담사가 되고 싶은데, 어떻게 해야 해요?"

햇살쌤 : "되고 싶은 게 있다니, 반은 성공이구나! 일단 '상담사'가 어떤 직업인지부터 생각해보렴. 거꾸로 차근차근 되짚어보면 가장 먼저 해야 할 일을 찾을 수 있을 거야."

미정이는 고3 여학생이다. 공부를 제대로 시작하기엔 이미 늦었다고 생각해서 스트레스를 많이 받는다. 끼니를 거를 정도로 입맛을 잃고, 우울한 날이 부쩍 많아져서 상담을 신청했다. 처음 만났을 때, 미정이는 한눈에 보아도 정말 침울한 아이였다. 중학교 때까지는 곧잘 했던 공부도 손을 놓은 지 이미 오래되었다. 그렇다고 딱히 대단한 계획이 있는 것도 아니다. 친구들은 목표를 정해놓고 열심히 달려가는 것 같은데 본인은 아무것도 정해놓은 게 없어서 불안하다고 했다. 상담 첫 날, 가장 이야기하고 싶은 게 무엇이냐고 물었더니 자신의 진로란다.

"내가 네 진로를 정해주면 그대로 할래?"

다짜고짜 이렇게 말했더니 일단 들어보고 결정하겠단다. 미소를 한 방 날려줬다.

"그건 결국, 뭘 할지는 네가 스스로 결정하겠다는 얘기 아냐?"

미정이는 머쓱했는지 눈을 끔뻑거린다. 그러더니 긍정의 표시로 고개만 까딱해보였다. 진로에 대한 이야기를 나누다가 한참 만에 속 얘기를 꺼낸다. 학교에서 진로 탐색 검사도 해봤고 자신의 성적에 맞는 학과도 생각해보았으나, 그 직업을 가지고 평생 살아갈 생각을 하니 답답하다고 말했다. 미정이의 진짜 꿈은 세계를 돌아다니면서 그 나라에 대해 글을 쓰는 '여행 작가'였다.

"하고 싶은 게 확실한데, 하면 되지 왜 걱정부터 해?"

아무렇지 않게 이야기하니 미정이가 한숨을 쉰다. 현실적으로 불가능하다는 이야기다. 그렇게 생각하는 이유를 물었더니 자신은 그럴 능력도 안 되고, 엄마아빠도 반대한다면서 말끝을 흐린다. 나는 그런 미정이의 모습을 보면서 다시 한 번 답답함을 느꼈다.

"그래서?"

미정이를 빤히 바라보며 묻자 당황했는지 눈을 동그랗게 뜬다. 실제로 진로 상담 장면에서 흔히 보게 되는 모습이다.

| 조건이 구체적이어야 답이 정확하게 나온다

진로는 사람이 살아가면서 굉장히 자주, 그리고 꾸준히 생각하게 되는 문제이다. 문과, 이과, 혹은 대학의 학과를 선택해야 하는 청소년들에게도, 현재 직업을 갖고 있으면서도 이직을 꿈꾸는 성인들에게도 뿌리치기 어려운 고민이다. 뭐가 될 거냐고 물으면 행복한 고민에 빠진 듯 눈을 굴리며 생각하는 어린아이들에게도 이 질문은 역시 어렵다. 어느 위치에 있는 사람이든 앞으로 내가 무엇을 하면서 살아야 할지 생각하는 것은 얼른 답을 내기 어려운 심각한 질문 가운데 하나다.

'진로'는 미래의 인생과 밀접한 관련이 있다. 그래서 그 어떤 것보다도 깊이 생각해봐야 한다. 내가 무엇을 좋아하는지, 가치관은 무엇인지, 그에 알맞은 직업은 무엇이 있는지, 내가 관심 있는 직종에 대한 정보는 어느 정도 알고 있는지 등의 수많은 질문과 답을 반복해야 겨우 답이 나올까말까 하다. 그만큼 까다로운 질문이다.

아직 진로를 정하지 못했다면, 무엇을 좋아하는지부터 생각해보라. 한 가지만 고르기엔 너무 억울하다고 생각할 수도 있다. 관심 분야가 많은가? 그렇다면 그것들의 어떤 점이 자신의 호기심을 자극했는지, 무엇을 매력적이라고 느꼈는지 생각해보자. 전체적인 이미지만 놓고 고민하는 것보다 구체적인 장점과 단점을 꼽아놓고 비교하는 것이 훨씬 효과적이고 정확하다. 이렇게 했는데도 선뜻 선택하지 못하겠다면 그 직업에 대한 정보를 최대한 많이 구해보라.

어쩌면 자신의 적성이 궁금할 수도 있다. 한 사람 안에는 엄청나게 다양한 능력이 잠재되어 있다. 누구에게나 어떤 일이든 해낼 능력이 있다. 다만 본인이 '어떤 일'을 할 때 보다 더 편하고 즐거운지, 신이 나는지를 고려하면 된다. 지레 겁먹지 말자. 일단 본인이 원하는 분야, 직종, 환경을 생각해보자. 작업의 환경을 중요하게 생각하는지, 보수가 가장 중요하다고 생각하는지, 근무 시간이 중요한지 등등 자신이 원하는 조건을 구체적으로 생각하라. 조건식이 많아지면 복잡할 것 같아도 실은 그 반대다. 정확한 조건은 답을 빨리 도출하게 해준다!

| 심리상담사가 되고 싶어요

모르는 학생으로부터 메일이 오는 경우가 종종 있다. 상담사에 대해 관심이 있고, 앞으로 상담사로 살아가고 싶은데 어떻게 하면 상담사가 될 수 있는지 궁금하다는 이야기가 가장 많다. 몇 가지 질문을 적어서 보내면 정성껏 대답해주기도 한다.

실제로 아래 제시한 리스트는 상담 장면에서 만난 친구 중 한 명의 궁금증을 풀어주려고 같이 작성해본 것이다. 함께 만들면서 "다음에 진로에 대해 고민하는 친구가 있으면 너랑 함께 고민해보라고 이야기해야겠다. 전문가 뺨칠 정도다, 얘!"라고 말했더니 기분이 좋았는지 더 적극적이 되었다.

그 학생은 고등학생이었는데, 학교에서 또래상담자로 활동하고 있었다. 앞으로도 자신과 같은 학생들을 도와주는 일을 하고 싶단다. 그 중 상담사가 매력적으로 느껴져서 그 일을 꼭 해보고 싶다고 했다. 자신이 만든 질문 리스트에 성심성의껏 답해달라는 주문을 받고 나는 그 어떤 일보다 최선을 다해 답을 적어주었다. 나와 다른 환경에서 일하는 상담사들을 소개하면서 그들에게도 질문지를 보내도록 했다. 모든 상담사들이 정성껏 답을 보내주자 아이의 표정에 희망과 두려움이 동시에 나타났다. 꿈을 향해 한 발짝 내딛었을 때의 설렘과 미래의 세계에 대한 막연한 두려움이다.

그 학생이 만든 질문지는 아래와 같다.

1. 선생님은 왜 상담사가 되셨나요?
2. 상담사는 어떤 일을 하나요?

3. 상담사는 어디서 주로 일을 하나요? 도시인가요? 시골인가요? 혹은 사무실인가요? 야외인가요?

4. 선생님이 일하는 곳은 기업체인가요? 혹은 공공기관인가요?

5. 상담사 연봉은 어느 정도 되나요?

6. 상담사 초봉은 어느 정도 되나요?

7. 상담사로서 최고 연봉은 어느 정도 되나요?

8. 어느 정도 하면 최고 연봉을 받을 수 있나요?

9. 상담사로서 오를 수 있는 최고의 위치는 무엇인가요?

10. 상담사가 되려면 어느 과를 가야 하나요?

11. 상담사가 되기 위해 갖추어야 할 학력은 어떻게 되나요?

12. 우리나라에 상담사는 많이 있나요?

13. 선생님은 상담사가 유망한 직종이라고 생각하세요?

14. 선생님은 상담사라는 직업을 추천하고 싶으세요?

15. 상담사가 되려면 갖추어야 하는 자질이 있나요?

16. 상담사가 되려면 갖추어야 하는 자격증이 있나요?

17. 상담사가 일하는 환경은 어떤가요?

18. 상담사로서 일하는 데 어려움이 있다면 어떤 것이 있을까요?

19. 현재 제가 상담사가 되기 위해 준비해야 할 것들이 있을까요?

20. 혹시 제게 도움이 될 만한 이야기를 해주실 수 있으세요?

위 질문을 함께 만들었던 학생은 상담사를 유망한 직종이라고 굳게 믿고 있다. 그 이유를 물었더니 "사람들이 먹고 살 만해지면 다른 데 고민이 많아지는 것 같아요. 그런 고민들을 들어주고 도와주는 게 상담사라고 생각해요. 사람들도 문제를 해결하기 위해 점점 더 많이 상담을 원하겠죠."라고 조리 있게 자기 생각을 이야기했다.

상담실에서 이렇게 야무진 친구를 만나는 경우는 매우 드물다. 자신이 하고 싶은 일에 대해 정확하게 알고, 그 일을 하기 위해 어떻게 노력해야 하는지를 아는 학생이 드물다는 뜻이다. 대부분의 친구들은 관심 있는 분야도 별로 없고, 자신에게 맞는 직업을 심각하게 생각해본 적도 거의 없고, 그러면서 그저 막연히 무엇을 해야 할지 모르겠다고 하소연만 한다. 결국 자기 스스로 개척하고 걸어가야 하는 길인데도 말이다!

| 새로운 직업도 만들 수 있다

세상은 넓고 직업은 많다. 하지만 그것들은 태초부터 존재했던 게 아니다. 내가 원하는 일이 세상에 없는 직업이라 해도 본인이 직접 만들면 된다. 얼마 전까지만 해도 '네일아티스트'라는 직업이나 '인터넷 중독 상담사', '스마트폰 애플리케이션 개발사'라는 직업이 있었을까? 요즘 '부기사'나 '버스안내양'이 있나? 이렇듯 시대가 변하면서 직업은 새로 생기기도 하고 없어지기도 한다. 없으면 본인이 만들면 되는 것이다. 새로운 것을 찾고, 없으면 만들고, 자신이 신나서

할 수 있는 일을 찾으면 되는 것이다. 나는 우리 학생들이 그런 식으로 직업이나 진로 문제에 접근했으면 좋겠다. 앞으로 유망한 직종이니, 인정받는 직업이니 그런 것은 나중에 생각할 일이다. 지금은 다만 자신이 좋아하는 일이 무엇인지 생각해보고, 좋아하는 일을 해봐야겠다는 마음만이라도 먹었으면 좋겠다.

다시 이야기하지만, 직업을 본인이 만들 수 있다는 것, 그 사실만 기억해두기 바란다. 진로를 결정해야 하는 청소년도, 그리고 진로를 정하는 데 도움을 주고 싶은 성인들도 이 사실을 꼭 기억하자. 제발 "나중에 뭐할래? 그거 할 수 있겠냐? 지금 네 성적으로?" 등의 이야기는 하지 말자. 만일 주변의 청소년 중 누군가가 "이 일 어때요?"라고 물으면 왜 그 일이 좋은지, 어떤 점을 매력적으로 느꼈는지 물어보자. 그리고 정보를 찾는 데 도움을 주자.

to. 미정아,

여행작가라고? 참으로 멋지게 들리는 직업이다.

지금 이곳 말고 다른 곳에서 그 정취를 한껏 느끼고 있는 미정이 모습을 생각하는 것만으로도 굉장히 설렌다.

궁금하구나. 미정이가 처음에 여행작가가 되고 싶다는 생각을 가진 이유가 뭔지, 어떤 장면을 보면서 여행작가가 되고 싶다는 생각을 가지게 된 것인지.

여행작가는 무슨 일을 하는 거니?

그저 여행하면서 그 나라에 대한 정보를 적고, 사진을 찍고, 소감을 쓰고, 그런 일들만 하지는 않을 것 같은데……

네가 지금 생각하고 있는 여행작가와 객관적인 정보를 갖고 있는 여행작가 사이에 차이는 없을까? 여행작가를 하면 어떤 점이 좋을 것 같니? 궁금하구나! 미정이에게 어떤 면에서 여행작가가 그렇게 매력적인 건지, 언제 한번 나한테 이야기해 줄래?

from. 햇살쌤

125

성공카드 만들기

예 : 17세 소년은 매일 학교도 안 가고, 싸움만 하고, 그러다 우연한 기회에 학교의 권유로 상담을 받게 되었다. 그 시간에 미래에 대한 성공카드를 만들고, 순간 이렇게 살면 안 되겠다는 생각이 들었고, 정신을 차려 제과제빵을 배웠다. 처음에는 힘들었지만, 열심히 해서 18세에는 제과제빵 자격증을 모두 따 작은 제과점에 취직을 하게 되었다. 잡일부터 시작했는데, 마침내 20세에 그 작은 제과점의 제빵사가 되었다. 그는 거기서 만족하지 않고 자신만의 빵을 만들기 위해 좀 더 큰 곳으로 가야 되겠다고 생각하여 우리나라에서 가장 큰 ○○○○○에 들어간다. 재능에 성실함을 겸비한 그는 상사들로부터 인정을 받아 초고속 승진을 하게 되었고, 25세가 되던 해 그 회사에서 나와 자신만의 제과점을 열게 된다. 처음에는 장사가 잘 되지 않았고, 다른 회사에서 스카웃 제의가 들어올 때마다 많이 망설였지만, 결국에는 자신만의 빵을 만들게 되었고, 그 빵을 많이 팔아서 큰 부자가 되었다. 그는 전국에 150개의 체인점을 만들었고, 벌어들이는 돈은 자신처럼 학교에서 짤릴 뻔한 아이들과 자신처럼 꿈이 있는 청소년들을 돕는 데 썼다. 그가 바로 얼마 전 대히트를 친 ○○ 빵을 만든 ○○○이다.

보다 잘 만들어진 내용의 성공카드보다 내담자가 쓴 성공카드를 자랑스러운 마음으로 기재한다. 어떤가? 당신의 성공카드는?

나의 성공카드

내친김에 미래의 내 명함도 만들어볼까요?

학과, 직업 정보 사이트

- 커리어넷 http://www.careernet.re.kr

  교육과학기술부와 한국직업능력개발원에서 운영하는 사이트. 학교, 학과 및 직업

  에 대한 다양한 정보와 진로상담 서비스, 교사 및 지도자를 위한 진로 프로그램을

  개발, 제공한다.

- 워크넷 http://www.work.go.kr

  노동부와 한국고용정보원이 운영하는 사이트. 각종 취업관련 정보와 심리검사,

  직업상담 등 다양한 취업지원 서비스를 제공한다. 특히 수요자 특성별로 청소년

  http://youth.work.go.kr, 고령자, 알바, 여성, 장애인 등을 위한 사이트를 구축하여 고

객의 수요에 적합한 정보를 종합적으로 제공한다.

• 한국직업정보시스템 http://know.work.go.kr

한국고용정보원에서 운영하는 직업정보검색 서비스. 직업에 대한 정보 및 커리어

상담을 제공한다.

• 진로종합정보망 커리어인넷 http://www.careerin.net

진로, 취업에 대한 정보를 제공하며, 운영자의 진로, 진학상담사례를 제공한다.

• 전국청소년(상담)지원센터(전국 국번 없이 1388)

청소년이 궁금해하는 자신의 진로를 알아보는 진로탐색검사 등을 해볼 수 있으

며, 진로상담을 진행할 수 있다.

• 이공계대학생을 위한 진로탐색시스템 http://vision.careernet.re.kr/

이공계대학생을 위하여 이공계와 관련된 학과, 직업정보 및 진로상담사례를 제공

한다.

대학엔

꼭 가야 되는 거죠?

청소년기의 고민 중 진로와 학업만큼 골치 아픈 게 대학진학이다.
사실 가장 골치 아픈 문제라고 해도 과언이 아니다. 왜 청소년들은
대학에 가고 싶어할까? 왜 모두들 대학에 꼭 가야 한다고 생각하는
것일까? 도대체, 어쩌다가, 대학에 못 간 사람은 낙오자라고 생각하
게 되었을까? 대학이 뭐기에 떨어졌다고 자살을 시도하는가? 대학은
정말 우리가 목숨을 내던질 만큼 중요한 걸까?

| 도대체 대학이 뭐기에?

나미는 대학교 2학년에 재학 중이다. 유아교육을 전공하고 있는데,
자신과 맞지 않는 것 같아 편입을 할지 재수를 해야 할지 고민이라며
상담을 요청했다. 고등학교 때 공부를 꽤 잘했지만 수시전형에서 결

과가 좋지 못했다. 정시에서도 수능 성적이 나빠 원하는 대학에 가지 못했다. 나미는 할 수 없이 성적에 맞추어 집 근처에 있는 대학에 들어갔다. 나미가 원했던 대학은 남들이 알아주는 소위 '명문대'였다. 어릴 때부터 명문대를 다니는 자신의 모습을 계속 상상했고, 부모님도 딸이 당연히 좋은 대학에 들어갈 거라고 믿었다. 지원했던 대학에 떨어지고 나서 얼마나 상심했는지 지금 생각해도 끔찍하다면서 괴로운 표정을 지었다.

나미처럼 원하던 대학에 가지 못한다면? 물론 학교에 가는 길이 신나지 않는 것은 당연하다. 어떻게든 학교 가는 것을 피하고 싶고, 그 학교에 다녀야 하는 자신이 창피할 수도 있다. 같은 학교를 다니면서도 내심 다른 학생들을 우습게 여긴다. 남들 눈에 그들과 똑같이 보일 자신을 한심하게 생각하면서.

학부모 입장에서는 어떨까? 자식이 명문대에 다니는 것보다 신경이 덜 쓰이고 무시하게 될 것이다. 나미 부모님 역시 나미의 학교생활에 관심이 없었고, 그런 학교에서 뭘 하겠느냐는 태도로 일관했다. 학교가 재미없다 보니 학과 활동에 관심이 없어졌고, 동기들과 함께하는 활동은 전부 빠지게 되었다. 자연스럽게 동기들과의 관계는 소원해졌고 수업에도 별 의욕이 없었다. 심지어 교수들까지 무시했고, 자연히 그들의 가르침도 가볍게 여겼다. 그러다 보니 차라리 대학에 안 다니는 게 낫겠다는 생각까지 들었다. 하지만 이미 무기력해진 나미는 편입이나 재수도 귀찮아지는 단계에 이르렀다. 그렇게 어영부

영 지내다 벌써 2학년이 되었다. 곧 3학년이 되는데 이렇게 살면 안 될 것 같다는 생각만 머릿속을 맴돌 뿐, 어떻게 해야 할지 난감하다.

'그냥 이렇게 살다 말아야 하나? 내 인생은 뭐 이렇지? 내가 이 대학에 들어오지 말았어야 하는데……. 고등학교 때 좀 더 공부를 했어야 하는데……. 수시 때 원서를 제대로 썼어야 하는데…….'

이런 식의 뒤늦은 후회만 하게 된다. 그 당시 선택이 자신에게는 최선이었음을 잊은 채로! 하지만 후회는 언제나 과거를 파먹고 날아올라 미래까지 좀먹는다.

| 나는 꼭 필요할 때 대학 간다

대학은 자신의 전문성을 갖춰가기 위한 하나의 과정이다. 즉, 사회로 나가기 위한 전문적인 지식과 능력을 쌓는 곳이 바로 대학이다. 대학생활을 알차게 하기 위해서는 먼저 자신이 정말로 하고 싶은 일을 찾아야 하고, 그 일을 하기 위해 필요한 하나의 과정으로 대학을 생각해야 한다. 만약 내가 원하는 결과에 대학이라는 과정이 굳이 필요 없다면? 그렇다면 과감하게 던져버려라.

실제로 대학을 나오지 않고도 자신의 일을 성실히 하면서 잘 살아가는 친구들이 많다. 만약 나중에라도 필요하게 되면 그때 대학에 들어가면 된다. 그때는 학교의 명성보다는 자신의 꿈에 맞는 학과를 선택하게 될 것이고, 보다 효율적인 대학생활을 하게 될 것이다. 무조건 고등학교를 졸업함과 동시에 대학에 들어가야 한다는 생각을 버리자.

　나는 고등학교 3학년 때 인문계에서 예체능계로 전공을 바꾸었다. 이유는 단순했다. 야간자율학습과 토·일요일 자율학습에 빠지고 학교를 다니지 않던 친구와 노는 것이 목적이었다. 그리고 인문계 성적을 가지고 예체능계열에 가면 보다 수월하게 대학에 들어갈 수 있지 않겠냐는 잘못된 생각도 있었다. 이러한 불순한 목적으로 고3 생활을 하다 보니 당연히 예상하기 싫었던 결과가 나오게 되었고, 재수를 생각하다가 그냥 편하게 살아보고자 당시 지원할 수 있는 대학에 진학했다.

　사실 나는 그 대학을 무시하는 편이었다. 그 대학에서 대학원까지 졸업한 선배들을 보면서 '참나, 나 같음 저렇게 안 살지. 왜 이런 학교에서 대학원까지 나오나?'라고 생각했다. 그래서 대학생활 내내 편입, 혹은 재수를 하겠다는 말을 입에 달고 살았다. 내 대학생활은 앞서 이야기했던 모습 그대로 흘러가게 되었다. 그나마 다행인 건, 이런 학교에 다니면서 등록금을 다 내는 건 너무 아깝다는 생각에서 시험기간에 노력해서 장학금을 탔고, 이것이 포기하지 않고 대학을 졸업하는 데 큰 역할을 했다.

　4학년 때 상담사라는 직업을 알게 되었고, 교사보다는 상담사라는 직업에 매력을 느껴서 대학원에 진학했다. 그렇게 이해가 되지 않았던 선배들처럼 그 대학에서 석사학위를 받게 된 것이다. 현재까지 연

133

락이 되는 대학 친구들이 몇 명 없지만, 그 친구들은 나를 보면 하나같이 말한다.

"네가 거기서 석사까지 할 줄 몰랐어. 넌 당연히 편입할 줄 알았거든."

시간이 한참 지나고 난 뒤에도 이런 이야기를 들을 때마다 나는 부끄러움을 느낀다.

| 대학은 인생의 옵션이다

상담을 통해 만났던 한 학생은 공부를 잘하던 아이였다. 공부를 잘하니까 주변에서 자꾸 대학에 진학하라고 했다. 하지만 정작 본인은 그럴 필요성을 못 느끼겠다고 했고, 결국 고등학교를 졸업하고 대학에 진학하지 않은 채 음악을 하고 있다. 아직까지도 음악 활동을 하고 있고, 지금은 더 필요한 게 있어서 지방에 있는 전문대학을 다닌다. 그 친구와 연락이 될 때마다 나는 마음이 밝아진다.

다시 한 번 물어보자. 대학은 꼭 가야 하는 것일까? 일일이 사례를 설명하지 않아도, 대학이 필수가 아니라는 것쯤은 누구나 알고 있다. 대학은 필요에 의해서 선택하는 것이다. 그리고 가고 싶으면 가는 거다. 주변의 어느 누구, 어떤 환경 때문이 아니라 본인의 의지가 중요하다. 그저 대학을 나와야 할 것 같아서 대학을 가서는 안 되는 것이다. 한번 진지하게 생각해보자. 내가 대학을 가려는 이유는 무엇일

까? 혹은, 내가 현재 대학에서 얻고 있는 것은 무엇인지, 대학을 다니
는 이유는 무엇인지. 오늘 하루쯤 생각해보고 정리를 한다고 해서 손
해 볼 것은 없지 않나?

to. 나미야,

명성있는대학에가고싶은마음은 충분히 이해가된다.

근데, 명성 있는 대학에서 지내는 나미의 모습을 좀 더 구체적이고,

사실적으로, 객관적으로 생각해보았으면 좋겠구나.

과를 생각한 것인지, 대학을 생각한 것인지, 그리고 나미네가 정말

행복하게 살아가기 위해서 필요한 것이 무엇인지.

네가 그렇게 힘들게 다니고 있는 학교에서 열심히 활동하는 학생들

은 어떠니?

왜 그 학생들은 그렇게 살아가고 있는 걸까?

너와 그 학생들 사이엔 어떤 차이점이 있을까?

누가 옳고 그르냐의 문제가 아니라 네가 어떠한 선택을 하느냐에 따

라 너의 대학생활도 달라질 수 있을 것 같아서 하는 말이야..

네가 능력이 모자라서가 아니고 네가 낡은 자라서도 아니고, 네가

그것밖에 안되는 사람이라서가 아니라, 지금 살고 있는 모습이 무

엇으로 네가 선택했던 삶이라는 것을 기억했으면 좋겠다.

그리고 누구보다도 네 자신을 사랑하고 네 자신을 믿으렴.

가능성은 네 안에 있으니까!

from. 햇살쌤

136

마음문 노크하기

엄마와 아이의 마음 노크하기

실현 가능한 것이 아니라 지금 이 순간 머리에 떠오르는 대로 적어보자. 상담하러

오는 학생들에게 종종 권하는 작업인데, 의외로 도움이 많이 된다. 하나하나 이뤄나

가고 있는 자신을 발견하면서 뿌듯함도 느낄 수 있다.

예시

나이 \ 꿈	되고 싶은 것	갖고 싶은 것	하고 싶은 일
1			
2			
3			
4			
10대 5		최신형 게임기	운전학원 다니기
6			
7			
8			
9			
10			

20대	1	대학생	자동차	결혼
	2			
	3			
	4			
	5			
	6			
	7			
	8			
	9			
	10			

출처 : 청소년 직업 및 취업설계프로그램(한국청소년상담원)

나이 \ 꿈		되고 싶은 것	갖고 싶은 것	하고 싶은 일
10대	1			
	2			
	3			
	4			
	5			
	6			
	7			
	8			
	9			
	10			
30대	1			
	2			
	3			
	4			
	5			
	6			
	7			
	8			
	9			
	10			

나이 \ 꿈		되고 싶은 것	갖고 싶은 것	하고 싶은 일
40대	1			
	2			
	3			
	4			
	5			
	6			
	7			
	8			
	9			
	10			
50대	1			
	2			
	3			
	4			
	5			
	6			
	7			
	8			
	9			
	10			
60대	1			
	2			
	3			
	4			
	5			
	6			
	7			
	8			
	9			
	10			

★3
친구
성인보다 복잡한 청소년의 사회

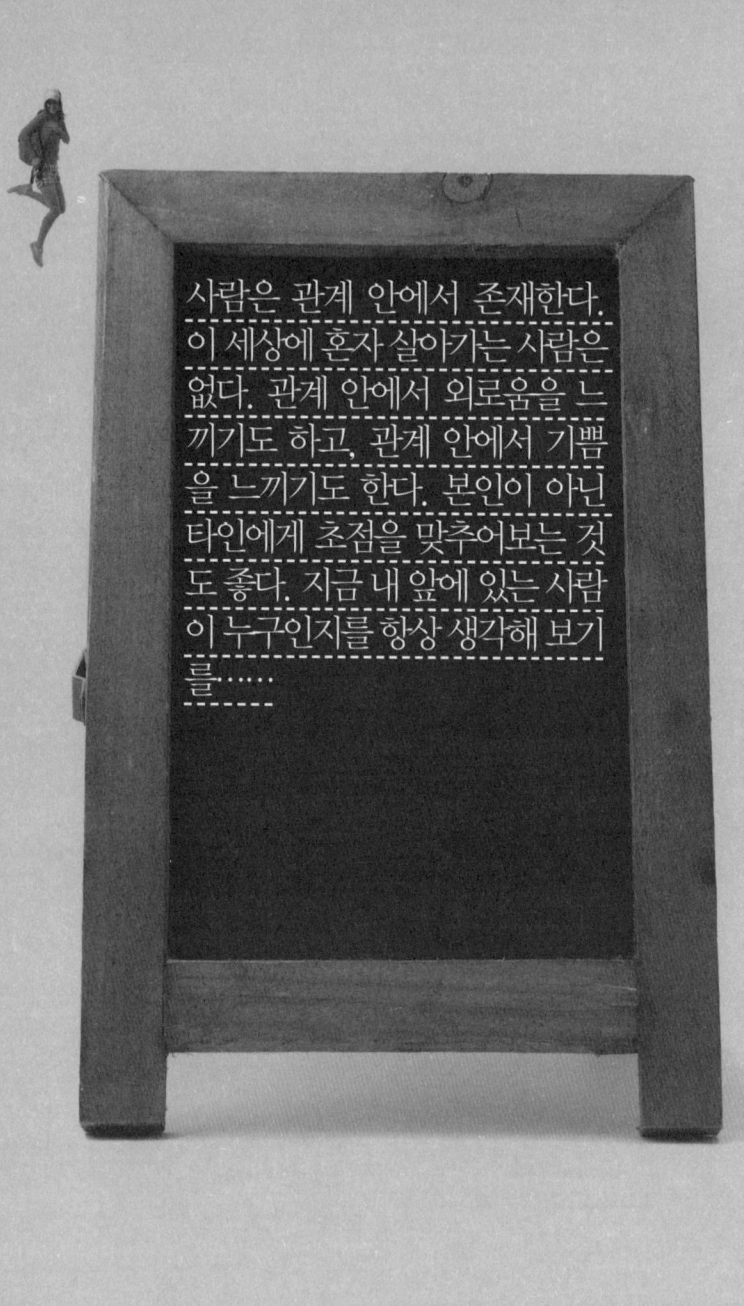

사람은 관계 안에서 존재한다. 이 세상에 혼자 살아가는 사람은 없다. 관계 안에서 외로움을 느끼기도 하고, 관계 안에서 기쁨을 느끼기도 한다. 본인이 아닌 타인에게 초점을 맞추어보는 것도 좋다. 지금 내 앞에 있는 사람이 누구인지를 항상 생각해 보기를……

나랑

잘 맞는 친구는?

청소년에게 큰 영향을 미치는 요인 중 하나가 또래관계이다. 또래관계에서 어떠한 역할을 하는지, 친구들과 어떻게 어울리는지를 보면 현재 그 아이의 행복지수를 가늠할 수 있다. 또 그들이 형성하는 집단을 살펴보면 아이에게 한층 쉽게 다가갈 수 있다. 주위에 청소년이 있다면 물어보자. 고민이 생기면 가장 먼저 생각나는 사람이 누구인지, 그리고 가장 먼저 털어놓는 상대가 누구인지. 여러 가지 답이 나오겠지만, 가장 많은 답은 바로 '친구'이다.

| 또래 친구가 중요한 이유

중학교에 올라온 연식이는 요즘 친구들 때문에 살맛이 난다. 자신과 생각이 비슷하지도 않고 싸우기도 많이 하지만, 교실에 가만히 앉아 있는 연식이를 자꾸 밖으로 끌고 가는 친구 경준이 덕분에 학교 운동장에서 바람을 쐴 수 있다고 한다. 인터넷 사이트에 올린 자신의 판타지 소설에 지독한 독설을 퍼부으면서도, 부족한 부분을 함께 고치며 즐거워하는 친구 민서에 대해 말하는 연식이의 입술 사이로 삐질삐질 웃음이 새어나온다.

지금은 이렇게 행복한 연식이에게 초등학교 시절은 생각도 하기 싫은 시간이다. 학교에 가서도 재미가 없고, 그러다 보니 학교 가기가 싫어지고, 어떻게 하면 학교를 빠질 수 있는지 궁리하느라 시간을 보내고, 전학까지 생각했다고 한다. 자신을 따돌리고 괴롭히는 또래들 때문이었다.

실제로 청소년기의 아이들이 가진 고민 중 3순위 안에 속하는 것이 바로 친구를 비롯한 대인관계다. 비단 이러한 고민은 청소년들만 가진 게 아니다. 이 사실은 글을 쓰고 있는 나도, 읽고 있는 독자도 인정할 것이다. 그런데 왜 유독 청소년기의 대인관계가 그들을 이해하는 중요 코드로 작동하는 걸까? 청소년기는 이제까지 절대적으로 의존해왔던 부모와의 관계에서 독립하여 자율적인 세계를 구축하는 과정이다. 당연히 또래집단이 매우 중요한 의미를 지닌다(청소년 대화의 광장, 1998). 또래집단에서의 수용, 그들과의 돈독한 관계는 어느 누구보다 중요한 심리적 지원체제로서 이를 통해 향후 어른이 되어 대인관계를 맺어가는 데 중요한 밑거름이 된다.

144

또래관계는 어떻게 하면 원만하게 만들어갈 수 있을까? 가장 수월한 답은 연식이가 내게 말했듯이, 자신에게 잘 맞는 친구를 사귀면 되는 것이다. 현재 자신이 편안하게 느끼는 친구의 모습을 생각해보자. 어떻게 생겼는지, 무엇을 좋아하고 싫어하는지, 가치관은 무엇인지, 그리고 내가 그 친구를 좋아하는 이유는 무엇이며, 주로 어떤 대화를 나누는지. 이러한 질문들에 답을 하다 보면 내가 좋아하는 사람의 모습이 분명하게 그려질 것이다. 그런 사람들과 만나면 수월하게 또래관계를 만들 수 있다.

이러한 질문들은 타인에 대한 이해를 돕는 것과 동시에 보다 근본적으로 자신에 대한 이해까지 가능하게 한다. 자신이 어떤 사람을 편안하게 생각하는지, 어떤 사람을 불편하게 생각하는지를 찬찬히 생각해보면 자신의 대인관계 패턴을 그려볼 수 있고, 자신의 성격을 이해할 수 있다.

더 깊이 생각하면 나에게 맞는 사람은 이 세상 모두이고, 나에게 맞지 않는 사람 역시 이 세상 모든 사람들이다. 모든 것은 자기가 어떻게 보느냐에 따라 달라지니까.

| 마음 맞는 사람들하고만 살 수 있다면!

다시 한 번 생각해보자. 나는 무엇을 좋아하는가? 나는 무엇을 싫어하는가? 나의 가치관은 무엇인가? 내가 사람을 사귀는 방식은? 사람들은 무슨 이유로 나와 어울려 다니는가? 나의 좋은 점은? 나는 주로 친구들과 어떤 이야기를 하는가? 이에 대한 답이 떠오른 후에 친구를 생각해보자. 만약 그 친구가 나와 잘 맞지 않는 사람이라면 무엇 때문일까? 그 친구가 이상해서? 아니면 내가 이상한가? 둘 다 이상한가? 그저 다를 뿐일까?

상담하는 동안 연식이와 함께 연식이가 좋아하는 친구, 싫어하는 친구, 어릴 때 따돌렸던 친구들에 대해 이야기를 나누었다. 그리고 연식이가 어떤 관계에서 편안함을 느끼는지에 대해 한참 동안 생각했다. 처음에 연식이는 관계 속에서 자신이 피해자가 되었던 데 화를 냈고, 그 아이들에 대해 이야기하는 것조차 힘들어했다. 그리고 지금의 친구인 경준이와 민서만 자신의 마음속에 담아두겠다고 했다. 다른 사람들에게 상처를 받는 것이 두려워 자신을 꽁꽁 숨기고 있었던 것이다. 나와 상담을 하며 꽤 긴 시간을 보낸 연식이는 결국 스스로 결론을 내렸다. 경준이와 민서를 포함한 세상 모든 사람들이 자신과 같을 수 없다는 것이었다.

처음에는 자기가 좋아하는 사람에게만 관심을 갖고, 다른 사람들과 섞이려 하지 않았던 연식이가 점차 자기와 맞지 않는 친구들도 인정하기 시작했다. 맞지 않는 친구를 만났을 때도 자신을 조금 더 표현하기로 마음을 먹고, 어릴 때 따돌림을 당했던 것도 연식이가 못나서가 아니라 그저 조금 달랐던 것뿐이라는 생각도 하게 됐다.

내가 누군가를 싫어하는 것처럼 상대방도 나를 싫어할 수 있다고, 괴롭혔던 아이들을 지금 당장 용서하는 것이 힘들기는 하지만 그 상황을 열심히 견뎌낸 본인을 칭찬하기로 마음먹었다. 그때의 기억에 얽매여 사는 것이 본인에게는 득이 될 것이 없다고 결론을 내렸다. 그리고 잊기로 했다. 어른인 나도 그렇게 마음먹은 연식이의 용기와 선택에 크게 감탄했고, 함께 마음 아파하면서 또 한편으로는 기뻐했다.

상담을 마치기 전, 다시 한 번 연식이에게 물었다.

"연식아, 네게 맞는 친구는 어떤 친구니?"

"선생님, 내가 맞는다고 생각하면 걔가 내게 맞는 친구인 것 같아요."

그렇지! 연식이는 이렇게 씩씩하고 똑똑한 아이다. 모든 사람들이 연식이처럼 관계에서 자유로워진다면 얼마나 좋을까?

I do my thing and you do your thing.

(나는 내 일을 하고, 당신은 당신의 일을 합니다)

I'm not in this world to live up to your expectation.

(당신의 기대에 부응하기 위해 내가 이 세상에 존재하지 않듯이)

And you're not this world to live up to mind.

(당신도 나의 기대에 부응하기 위해 이 세상에 존재하지는 않습니다)

I am I, You and You.

(나는 나, 당신은 당신입니다)

And if by chance, we find each other, it is beautiful.

(우연히 우리가 서로를 발견하게 된다면 그것은 아름다운 일입니다)

If not, it can't be helpful.

(만일 그렇지 않다면 그것은 어쩔 수 없는 일이죠)

_ F. S. Perls의 Gestalt 기도문

to. 연식아,

축하한다. 상담을 통해 중요한 것을 깨닫게 되어 선생님은 정말 기쁘다. 초등학교 때는 비록 즐거운 학교생활을 하지 못했지만, 이제라도 마음맞고 서로 좋아하는 친구를 만나게됐으니 얼마나 다행이니? 물론 지금 같은 자세라면 고등학교, 대학교, 사회에 나가서도 좋은 친구를 많이 만날 수 있어.

앞으로 그 친구들과의 우정 변치 말고 고등학교에 가서도, 사회에 나가서도 잘 지내기 바란다. 나중에 어른이 되면 친구만큼 힘이 되는 존재도 없단다.

친구들과 아름다운 우정 나누기 바란다.

from. 햇살쌤

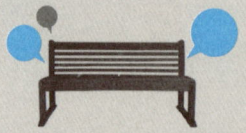

·마음문 노크하기·
엄마와 아이의 마음 노크하기

반에서 나의 대인관계 지도 그리기

Ⅵ 친구관계 능력면에서 우리 반에서 내가 닮고 싶은 친구 명

Ⅶ 우리 반에서 따돌림을 당하고 있는 친구 명

나를 좋아하는 사람

Ⅱ
나를 좋아하나
나는 싫은 친구 명

Ⅰ
서로 좋아하는
친구 명

Ⅴ 우리 반에서 인기가 있는 친구 명

내가 싫어하는 사람

내가 좋아하는 사람

Ⅲ
서로 싫어하는
친구 명

나를 싫어하는 사람

Ⅳ
내가 좋아하는데
나를 싫어하는 친구 명

Ⅷ 친구관계 능력면에서 우리 반에서 내가 닮고 싶지 않은 친구 명

이성친구가

생겼다!

어느 날 한 학생의 어머니가 전화로 상담을 요청했다. 매우 걱정스러운 목소리였다. 내용인즉 "우리 딸애한테 남자친구가 있는 것 같아요. 우연히 그애 휴대폰을 봤는데, 남자애가 사랑한다, 키스하고 싶다는 문자를 보냈더라고요. 그걸 보고 제가 너무 놀라서⋯⋯. 선생님, 아직 어린데 이럴 땐 어떻게 해야 하나요?" 학창시절의 이성교제를 둘러싼 상황과 어른들의 반응은 예나 지금이나 달라진 게 없는 것 같다. 세상이 '확' 바뀌었는데도!

엄마한텐 비밀이에요!

은수가 어느 날 상담실에 왔다. 말쑥하니 키가 크고 꽤 귀여운 남자아이가 뒤를 따라 들어온다. 그 모습을 보니 문득 웃음이 났다. 남자아이더러 대기실에서 잠시 기다리라고 한 뒤 은수와 함께 상담실에 들어갔다. 남자친구가 꽤 귀엽다고 칭찬했더니 좋아 죽겠다며 까르르 웃음을 터뜨린다. 그런데 금세 정색을 하면서 엄마한테는 절대 이야기하지 말란다.

"너희 둘이 진짜 사귀냐? 하하하!"
"아직은 아닌데요, 일단 생각 중이에요. 근데 엄마한텐 비밀이에요!"
"네가 얘기하지 말라니까 안 하겠지만, 이유가 뭔데?"
"엄마가 알면, 으휴……. 귀찮아져요."

고등학교 2학년인 연경이는 남자친구와 100일 넘게 사귀었다. 그런데 그 동안 남자친구에게 10여 차례 맞았다고 한다. 최근에 엄마가 그 사실을 알게 되어 핸드폰도 없애고, 등하교를 함께 해주고 계신다.

"맞아가면서도 네가 그 남자애를 만난 데는 뭔가 이유가 있었을 텐데?"
"그건……. 제가 투정부려도 다 받아주고, 같이 있으면 마치 아이가 된 것처럼 행동할 수 있어서 좋았거든요. 가끔 말다툼을 했는데, 그러다가 때리곤 하더라고요. 한두 번 맞을 땐 참았는데, 참고 지내다 보니 횟수가 잦아진 거예요. 때리고 나면 너무 미안해하면서 잘못했다고 빌고, 전보다 더 잘해주고……. 도저히 안 되겠다, 헤어져야지 생각하다가도 대화로 풀게 되고, 다신 안 그러겠다고 하면 또 용서해

주고…… 그러다 보니 또 만나게 됐어요."

고등학교 3학년 여학생 은희는 상담 기간 중 남자친구를 세 번이나 갈아치웠다. 세 명 모두 만나기 시작했을 때에는 한결같은 이야기를 했다. "선생님, 얘는 정말 괜찮은 애 같아요."라고 해서 "어떤 점이 괜찮은 것 같니?" 하고 물으면, 대답은 항상 "그냥요. 느낌이……."이다. 어떤 때는 "제가 키 작은 애 정말 싫어하는데 얘는 키가 182cm예요."라고 대답한 적도 있고 "제가 좋대요. 저한테 정말 잘해줘요. 잘해주니까 좋은 거죠, 뭐." 등등이다.

| 가족은 인간관계의 청사진이다

우리는 누군가와 특별히 가깝게 지내고 싶고, 더욱 친밀한 관계를 맺고 싶을 때 노력하게 된다. 그리고 관계를 이루게 되면 더욱 발전시키고 또 좋은 관계를 유지하기 위해 더욱 노력한다. 하지만 이런 과정에서 서로 의견이 맞지 않거나 실망하게 되면 결국엔 처음 원했던 관계, 즉 이상적으로 그렸던 그림에서 상대방을 빼고 다른 사람으로 채워넣는 경우가 발생한다. 특히 청소년기에 사귀는 이성친구와의 관계가 그렇다. 앞에서 예로 든 아이들은 가족 관계가 원만하지 않다. 가족과 이성친구가 무슨 상관이냐고 반문하는 사람도 있을 것이다. 나는 이성친구와 관계를 가지는 데 있어서 가족 분위기만큼 중

요한 건 없다고 단언하고 싶다.

어릴 때 부모님이 이혼하는 바람에 지금은 엄마와 단둘이 살고 있는 은수. 어릴 때부터 부모님의 사이가 좋지 않았던 연경이. 일 때문에 늘 바쁘고 아이들에게 엄했던 무서운 아빠가 싫어서 어린 시절을 할머니와 보낸 있는 은희. 이 아이들의 공통점은 이성친구, 더 나아가 포괄적인 의미의 '남자'에 대한 좋은 모델링이 없었다는 것이다.

이성문제 때문에 고민하는 청소년들을 상담한 결과, 엄마아빠의 관계가 좋고 부모로부터 충분히 보살핌을 받은 아이들, 부모가 각자의 역할을 잘 수행하는 것을 보고 자란 아이들은 그렇지 않은 아이들에 비해 훨씬 더 신중하게 이성을 만난다. 이런 아이들은 굳이 '청소년기의 특징'을 들먹이지 않아도 좋을 만큼 가족을 통해 '좋은 이성친구와의 관계 모델링'을 할 수 있다. 반면 그렇지 못한 아이들은 자신과 반대의 성性을 가진 부모에게 받지 못한 애정을 이성친구에게 요구하고 그들에게 집착한다.

여러분도 한번 생각해보라. 내가 좋아하는 남성상, 여성상은 어떤 모습인가? 현재 사귀고 있는 남성, 여성에게 내가 부족하다고 느끼는 것은 무엇인가? 누구로부터, 무엇이 채워지지 않았기 때문일까?

| 나를 알아야 너를 이해할 수 있다

이성 관계에서 가장 먼저 생각해야 할 것은 무엇일까? 바로 본인

자신이다. 상대방에게 초점을 맞추고 그가 진정 무엇을 원하는지 정확하게 이해할 수 있다면 그보다 좋을 수 없을 것이다. 하지만 우리는 그렇지 못하다. 그러니 우선 나부터 살피자는 것이다. 자신의 성격이 어떤지, 좋아하는 것은 무엇인지, 어떤 것을 불편하게 느끼는지, 내가 지금 상대방에게 원하는 건 무엇인지를 정확하게 파악해야 한다. 내가 상대방한테서 얻는 게 무엇이고, 상대방이 나한테서 얻는 게 무엇인지를 알아야 요구도 분명해지고 둘의 사이도 원만해진다. 건강하고 이상적인 이성 관계는 이렇게 이루어진다.

예를 들어보자. 어떤 여자애가 생일을 맞았다. 그런데 이 아이는 지금 남자친구에게 화가 잔뜩 나 있다. 속마음은 이렇다. '오늘이 내 생일인데 정말 너무하다. 마음에 드는 게 하나도 없어. 선물도 없고, 내 생일인지도 모르고, 어떻게 저럴 수 있지?' 하지만 남자친구 입장에서는 그저 답답하다. 아무런 설명도 없이 여자친구가 화만 내니까! 나중에 오늘이 생일이라는 사실을 알게 된 남자애는 이렇게 투덜거린다.

"생일이라고 말을 해줘야 알지. 그래야 선물을 하든지 할 거 아냐?"

이미 화가 날 대로 난 여자아이는 가시 돋친 말투로 대꾸한다.

"그걸 일일이 얘기해야 돼? 알아서 해줄 수는 없어?"

또 다른 커플이 있다. 여자아이는 남자친구가 자신에게 사랑한다고 말하지 않는 게 늘 불만이다. 그러면 남자친구는 그걸 꼭 말로 해야 아느냐고 말한다. 우리가 흔히 보는 이성간의 모습이다.

위에서 본 다툼의 모습들이 비단 성의 차이 때문일까? 남자는 화성에서 왔고 여자는 금성에서 왔기 때문에? 서로의 언어를 이해하지 못하기 때문에? 아니다. 남자와 여자가 서로 다른 별에서 왔기 때문이 아니다. 그것은 본인이 상대방에게서 무엇을 얻고자 하는지, 즉 상대방과의 관계 속에서 어떤 것을 충족시키고자 하는지를 모르는 탓이다. 정확하게 알고 있다면 그런 방식으로 모호하게 표현하지 않을 테니까!

"내일 모레가 내 생일인데, 난 그날에 이런 일들을 하고 싶어. 그리고 내 생일을 네가 꼭 기억해줬으면 좋겠어."
이렇게 이야기하면 어떨까? 사실 남자든 여자든 이렇게 솔직하게 말하는 게 쑥스러울 수도 있다. 하지만 말을 안 하고 있다가 서운한 마음에 다투고, 결국 사이가 멀어지는 것보다 훨씬 낫지 않을까?

| 솔직한 한 마디에 내 마음이 풀린다

이성과의 관계에서 가장 중요한 것은 대화이다. 상대방의 마음을 알려면 대화가 잘 이루어져야 한다. 내 이야기에 귀를 열어달라고 요청하고, 너의 이야기에 마음을 열 준비가 되어 있다고 말하라. 본인이 원하는 것을 정확하게 알리고, 마음의 상태가 어떤지 솔직하게 이야기하라.

"내가 눈치를 주지도 않고, 말한 적도 없는데 삐쳐 있어서 당황스러웠지? 우리 사이에 원하는 게 있다고 구체적으로 이야기했으면 참 좋았을 텐데……. 난 그저 어련히 알아서 해주지 않을까 생각했어. 넌 원래 자상하고 세심한 애잖아. 근데 요즘 일이 많다 보니 내 생일을 깜빡했구나. 설마 기억하고 있는데도 네가 이랬겠어? 난 너를 잘 알아. 나를 얼마나 생각해주고 아껴주는지도. 생각도 안 해보고 무작정 서운하다고 투정부려서 미안해."

어떤 관계에서든 가장 중요한 것은 서로의 마음을 솔직하게 말하는 것이다. 그러기 위해서 우리는 먼저 나를 정확하게 알고 상대방을 이해할 필요가 있다. 어느 날 갑자기 딸아이의 휴대폰 문자를 보고 혼자 경악하거나 끙끙거리지 말고 침착하고 진솔하게 물어보라.

"엄마가 우연히 네 휴대폰을 봤다가 깜짝 놀랐어. 요즘 남자친구 사귀니? 어떤 아이인지 엄마한테 말해주면 좋겠다. 네가 솔직하게 말해주면 엄마도 걱정이 덜해질 거 같거든!"

남자친구가 내 마음을 알아주지 않는다고 토라지지 말고 먼저 말하라.

"경식아, 어제 우리 만난 지 100일 되는 날이었던 거 몰랐지? 난 그래도 뭐 이벤트 같은 걸 기대했다고! 어제 잊었으니까 오늘이라도 잘해라, 안 그러면 국물도 없다!"

가족관계든 이성관계든 여기서부터 출발해야 한다.

to. 은수야,

처음 남자친구를 사귀게 된 것을 축하한다.

네 얼굴을 보니 나도 설렌다. 그리고 네가 사귀는 남자 친구는 참으로 귀엽고, 우리 은수를 많이 이뻐해줄 것 같다.

은수야, 둘이 조금 만나고 말 거 아니지?

선생님은 너희 둘이 오래오래 만났으면 좋겠다. 처음 느꼈던 감정이 그대로 쭉 갈 수는 없겠지만 지금처럼 이쁘게 서로 바라보고, 서로 위하는 마음 갖고 만났으면 좋겠다.

저 친구로 인해 은수가 힘들어지는 일은 없었으면 좋겠구나. 그럴 거 아니라면 우리 은수도 조금 어른이 되어야겠지?

은수야, 은수가 아빠한테 충분한 보살핌을 받지 못했다고 느끼고, 그런 아빠의 모습 때문에 은수가 좋아하는 남성의 모습이 '여자 없고, 거짓말 안 하는 남자'잖니? 하지만 은수도 아직 잘 모르지? 남자란 대체 어떤 사람일까, 여자와 어떻게 다룰까 하는 것들을 말이야.

지금은 그저 저 친구가 좋겠지만, 저 친구의 어떤 점이 좋은지, 은수 네가 저 친구로부터 얻는 감정들은 어떤 것인지, 그리고 은수가 정말 원하는 최고로 좋은 이성관계란 어떤 모습인지 천천히 생각해보길 바란다. 또 그런 관계를 맺기 위해서 네가 어떻게 노력해야 하는지도 말이야. 선생님은 우리 은수가 정말 최고로 멋진 남자친구를 만났으면 좋겠다!

from. 햇살쌤

159

내가 측정하는 나와 (이성)친구의 욕구강도 프로파일

이 프로파일은 객관적인 정답을 나타내고 있는 것은 아니다. 원한다면 여러 번 다시 해보고 수정할 수도 있다. 중요한 점은 욕구강도 프로파일을 잘 이해할수록 자기 (이성) 친구와의 관계를 더 잘 이해할 수 있게 된다는 점이다. William Glasser 박사는 주관적으로 자신과 (이성) 친구의 욕구를 잘 분석해보고 생각해볼 기회를 갖기를 권장하고 있다.

아래 질문에 대해 대답을 해보고 다음과 같이 점수를 매겨본다. (나 | 친구)

전혀 그렇지 않다 : 1   별로 그렇지 않다 : 2

때때로 그렇다 : 3   자주 그렇다 : 4   언제나 그렇다 : 5

1. 돈이나 물건을 절약하는가?   (   )

2. 돈으로 살 수 있는 것에 각별한 만족을 느끼는가?   (   )

3. 자신의 건강유지에 관심을 가지고 있는가?   (   )

4. 균형잡힌 식생활을 하려고 노력하는가?   (   )

5. 성적인 관심을 많이 지니고 있는가?   (   )

6. 매사에 보수적인 편인가?   (   )

7. 안정된 미래를 위해 저축하거나 투자하는가?   (   )

8. 부득이한 경우가 아니면 모험을 피하고 싶은가?   (   )

9. 외모를 단정하게 가꾸는 데 관심이 있는가?   (   )

10. 쓸 수 있는 물건은 버리지 않고 간직하는가?   (   )

11. 사랑과 친근감을 많이 필요로 하는가?   (   )

12. 다른 사람의 복지에 관심이 있는가?   (   )

13. 타인을 위한 일에 시간을 내는가?   (   )

14. 장거리 여행 때 옆자리의 사람에게 말을 거는가?   (   )

15. 사람들과 함께 있는 것을 좋아하는가?   (   )

16. 아는 사람과 가깝고 친밀하게 지내는가?   (   )

17. 친구가 내게 관심을 가져주기 바라는가?   (   )

18. 다른 사람이 나를 좋아해 주기 바라는가?   (   )

19. 다른 사람들에게 친절하게 대하는가?   (   )

20. 친구가 나의 모든 것을 좋아해주기 바라는가?   (   )

21. 내가 하는 가사나 직업에 대해 사람들로부터 인정받고 싶은가?   (   )

22. 다른 사람에게 충고나 조언을 잘하는가?   (   )

23. 다른 사람에게 무엇을 잘하라고 잘 지시하는가?   (   )

24. 경제적으로 남보다 잘 살고 싶은가?   (   )

25. 사람들에게 칭찬 듣는 것을 좋아하는가?   (   )

26. 내 밑에서 일하는 사람이 문제가 있을 때 쉽게 해고하는가?   (   )

27. 내 분야에서 탁월한 사람이 되고 싶은가?   (   )

28. 어떤 집단에서든 지도자가 되고 싶은가?   (   )

29. 자신을 가치 있는 인간이라고 느끼는가?   (   )

30. 내 성취와 재능을 자랑스럽게 여기는가?   (   )

31. 사람들이 내게 어떻게 하라고 지시하는 것이 싫은가?   (   )

32. 내가 원하지 않는 일을 하라고 하면 참기 어려운가?   (   )

33. 다른 사람에게 어떻게 살아야 한다고 강요하면 안 된다고 믿는가?   (   )

34. 누구나 다 인생을 살고 싶은 대로 살 권리가 있다고 믿는가?   (   )

35. 인간의 자유로운 선택능력을 믿는가?   (   )

36. 내가 하고 싶은 일을 하고 싶은 때 하고 싶은가?   (   )

37. 누가 뭐라고 해도 내 방식대로 살고 싶은가?   (   )

38. 인간은 모두 자유롭다고 믿는가?   ( )

39. 배우자의 자유를 구속하고 싶은 생각이 없는가?   ( )

40. 나는 열린 마음을 지니고 있다고 믿는가?   ( )

41. 큰 소리로 웃기 좋아하는가?   ( )

42. 유머를 사용하거나 듣는 것이 좋은가?   ( )

43. 나 자신에 대해서도 웃을 때가 있는가?   ( )

44. 뭐든지 유익하고 새로운 것을 배우는 것이 즐거운가?   ( )

45. 흥미 있는 게임이나 놀이를 좋아하는가?   ( )

46. 여행하기를 좋아하는가?   ( )

47. 독서하기를 좋아하는가?   ( )

48. 영화구경을 좋아하는가?   ( )

49. 음악감상을 좋아하는가?   ( )

50. 새로운 방식으로 일하거나 생각해보는 것이 즐거운가?   ( )

출전 〈결혼의 기술〉 William Glasser지음 우애령 옮김(1999)

문항별로 1~10번까지는 생존의 욕구, 11~20번까지는 사랑과 소속의 욕구, 21~30
번은 성취와 인정의 욕구, 31~40번은 자유의 욕구, 41~50번까지는 즐거움의 욕구
에 대한 질문입니다. 각 욕구별로 합계를 내어 평균을 낸 숫자를 아래 칸에 적어주
세요.

	Survival Need		Love & Belonging		Power Need		Freedom Need		Fun Need	
	나	배우자 이성 친구	나	배우자 이성 친구	나	배우자 이성 친구	나	배우자 이성 친구	나	배우자 이성 친구
점수										

막대 그래프로 그려봅니다.

5					
4					
3					
2					
1					
	생존의 욕구	사랑과 소속의 욕구	힘의 욕구	자유의 욕구	즐거움의 욕구

욕구강도 프로파일 해석

• 생존 및 생식의 욕구 survival need

: 인간은 누구나 살고자 하는 생존과 생식을 통한 자기 유지와 확장을 하고자 하는 속성이 있다. 구뇌에 의해 자동으로 통제되는 호흡, 소화, 땀 흘리는 것, 혈압 조절, 섭식과 생식 등은 인간이 생존하는 데 있어 중요하고 강한 욕구들이다. 이 욕구는 구뇌에서 관장하며 신뇌의 도움을 받게 된다.

: 나는 돈이나 물건을 절약하고 보수적이며 건강유지에 관심이 많다. 현실적 감각이 강하고 앞에 서기를 좋아한다. 신중하고 침착하며 어디서나 뿌리를 내린 듯한 믿음직한 모습을 보인다.

• 소속과 사랑의 욕구 Love & belongingness

: 사랑하고 사랑받고 싶고, 소속되고 싶고, 다른 사람들과 사귀고 싶은 욕구, 원하는 사람들에게 받아들여지고 싶은 욕구, 존경받고 싶은 욕구를 말한다. 예를 들면, 부모님이나 선생님으로부터 사랑받고 또 인정받고 싶은 욕구, 또래집단에 소속되고 싶은 욕구 등이다.

: 나는 친구를 좋아하고 다른 사람들과 사귀며 좋은 사람으로 인정받기를 원한다. 매사에 적극적이며 능란한 사교술로 여기저기를 누비고 다닌다. 활달하고 화술이 뛰어나며, 환경에의 적응이 빠르다. 복종하기를 좋아하고 어디서나 잘

어울린다.

· 힘에 대한 욕구 power need

: 경쟁하고, 성취하고, 중요한 사람이 되고 싶은 욕구로 우리가 자신과 남에게 가
치가 있고, 소용이 있는 사람이라고 느끼고 싶은 욕구이다. 이 욕구는 사람들과
경쟁을 할 때나 스스로 통제하여 무언가를 이루고자 할 때 나타난다. 영향력 있
게 행사하거나 성취 등을 통하여 남에게 가치가 있다고 인정받고 스스로 소용
이 있는 사람이라고 느끼고 싶은 욕구이다. 어떤 일을 계획하여 실행에 옮긴다
든지, 남이 하지 못하는 것을 이루고자 노력하는 것, 승진 또는 사회적으로 높은
자위에 오르는 것, 부의 축적 등은 힘에 대한 욕구를 채워준다.

: 나는 다른 사람과 경쟁을 통해 성취감을 얻고 인정받고 싶고 최고가 되고 싶다.
대체로 이론적이고 사물에 대한 깊은 사색과 논리적인 두뇌로 문제를 신중히
처리하며 반성과 책임감이 강하다. 남으로부터 지시받는 것을 기피하며 남을 이
끌고 지배하기 위해 언변적 기술이 탁월하다.

· 자유에 대한 욕구 freedom need

: 자유롭게 선택하고 표현하며, 마음대로 옮겨다니며, 자신이 원하는 종교를 믿
고, 만나고 싶은 사람을 만나고 싶은 욕구를 의미한다. 자유에 대한 충동은 매우
근본적이라고 할 수 있다.

: 나는 간섭받기 싫어하고 누가 뭐래도 내 마음대로 자유롭게 살고 싶다. 의지가 강하고 간섭을 싫어한다. 신념이나 행동이 뚜렷하여 매사를 독단적으로 판단하고 자기 주장대로 해 나간다. 낭만적 사색을 즐기며, 감정이 풍부하다.

• 즐거움에 대한 욕구 fun need

: 인생을 즐기고 유머를 가지려는 욕구로 새로운 것을 배우고 놀이를 통해 즐기고 싶은 욕구이다. 자유에 대한 욕구만큼 강하다. 이 욕구는 성인기에도 지속되며 인간의 모든 활동을 통해서 저절로 표현되는 속성이 있다.

: 나는 잘 웃고 뭐든지 재미있고 새로운 것을 배우기를 좋아한다. 다혈질로 다정다감하고 곧잘 소리치고, 감정노출이 심하다. 흥분하면 앞뒤를 가리지 않는 기분파에 속한다. 직감력이 강하여 이성보다 감정에 치우치기가 쉽다.

친구들은

왜 나를 싫어할까?

"선생님, 애들이 나를 싫어하는 거 같아요!" 학생들이 이런 말을 하면 마음이 짠하면서도 답답하다.

청소년기의 아이들에게 '또래관계'는 매우 영향력이 크다. 그래서 만일 그들로부터 거부당하고, 친구로 인정받지 못한다고 느끼면 아이들은 자신을 둘러싼 환경이 '총체적으로' 힘들다고 느낀다. 이 같은 상황에 있는 아이들에게 "애들이 너를 싫어하는 데엔 분명 이유가 있을 거야. 그걸 찾아서 고치면 좋아질 거야!"라는 말은 절대 도움이 되지 않는다.

| 혼자라서 슬퍼요!

"애들 때문에 학교 다니기 싫어요!"

영채의 하소연을 듣던 나는 친구들에게 미움받고 있다고 느낄 때가 구체적으로 언제인지 물었다. 갑작스러운 질문에 영채는 조금 당황하는 것 같았다. 하지만 곧 정색을 하고 이것저것 증거를 댔다. 이런 것들이다.

"학교에 가면 저는 아무 말도 안 하고 있어요. 친구들이 와서 말을 걸지도 않고, 밥을 먹으러 갈 때에도 혼자 가고, 화장실도 혼자 가요. 학교에서 혼자 있는 기분이 어떤 건지 아세요? 집에 올 때도 혼자 오고…… 예전엔 안 그랬어요. 그땐 애들이 나를 좋아해주고, 쉬는 시간이면 귀찮을 만큼 몰려와서 말을 걸고 그랬거든요."

"학교에 가면 정말 단 한 명도 말을 걸지 않니? 밥 먹을 때도 매일 혼자 식당으로 가니? 매일매일 학교에 혼자 남겨진 기분이 드는 거니?"

이렇게 물어보면 아이들은 대뜸 "쌤, 왜 내 말을 못 믿으세요?" 하고 되묻는다. 하지만 그렇지 않다. 이 질문에 거의 모든 학생들이 "그건 아니에요!"라고 대답한다. '매일' 혼자 다니는 것은 아니고, 친구들이 '항상' 자신을 무시하는 건 아니라면서. 아이들은 이 단계에서 자신이 내놓았던 증거들을 하나씩 하나씩 없애게 된다. 그러다 보면 자기 스스로 '아주 심각한 상황은 아니구나!' 하고 결론을 내리게 된다.

또 한 가지 중요한 것은, 그렇게 학교에서 혼자 돌아다니는 것을 남들이 이상하게 보는지, 누가 뭐라는 사람은 없는지 하는 점이다. 잘 생각해보면, 그런 상황은 대개 자기 혼자 만드는 경우가 많다. 아무도 이상하게 보지 않고, 친구들도 그저 할 말이 없어서 말을 걸지 않았을 뿐인데 혼자서 외롭다고 느끼고, 따돌림당한다고 느끼면서 스스로 벽을 높이 쌓는 것이다. 물론 일부 아이들은 의도적으로 어떤 한 명을 정해놓고 집단의 힘으로 괴롭히기도 한다. 그런 극단적인 경우를 제외하고, 영채같이 느끼는 아이들 대다수가 혼자서 벽을 만드는 경우라면?

"다시 생각해보니 친구들이 너를 싫어하는 건 아닌 것 같지? 그럴 이유가 없잖아, 안 그래? 그럴 때일수록 흔들리지 마. 혼자라서 외롭다고 느끼면 네가 먼저 친구들에게 다가가는 건 어때? 네가 아무 말하지 않고 가만히 앉아만 있는데 친구들이 먼저 다가오기를 바라는 건 네 욕심 아닐까? 친구들도 영채처럼 먼저 다가와서 말을 걸어줄 친구가 필요할지도 모르잖아?"

| 너 때문이야, 내가 하루에도 열두 번 천국과 지옥을 오가는 건!

잘 지내면 당연히 좋다. 두말하면 잔소리다. 그리고 친구들과 잘 어울리기 위해 누구보다 많이 노력하는 것도 본인이다. '애들이랑 잘 지내지 말아야지!' 하고 생각하는 사람은 없으니까. 물론 어느 순간

사이가 틀어지면 '너 죽고 나 죽자.'라는 자세로 돌변할지도 모른다. 하지만 그런 태도 역시 '너랑 어떻게든 잘 지내고 싶다.'는 메시지에 불과하다. 아이들 말처럼 '손발이 오그라들고' 치사해서 직접 입 밖으로 내뱉지 못할 뿐이다.

그러면서 대개 이렇게 말한다.

"나를 싫어하는 애한테 내가 왜 먼저 말을 걸어야 해요? 쟤는 나 없이도 잘 사는데 나는 왜 쟤 때문에 힘들어하고 다른 친구들하고도 잘 못 어울려야 해요? 쪽팔리게."

하지만 아니꼽고 치사하다는 생각이 들 때야말로 자신의 마음을 깊이 들여다보아야 할 순간이다. '정말 내가 원하는 게 무엇일까?' 하고.

이 마음을 잘 기억하고 출발해보자.

내가 무슨 말을 하든지, 잘 지내고 싶은 마음을 바탕에 두고 이야기를 한다면 굳이 설명하지 않아도 그 마음은 상대방에게 전달된다. 또한 다른 사람이 나에게 말하는 것 역시도 상처가 되지 않는다. 상대방 또한 나와 잘 지내고 싶은 마음이라는 것을 믿는다면! 상대방도 마음처럼 잘 안 되기 때문에 나에게 화를 내고 미운 말도 하는 거라고 생각하자.

누구나 다른 사람과 잘 지내기를 바란다. 처음부터 남들하고 벽을 쌓기 바라는 사람은 없다. 처음부터 미움받는 사람도 없다. 사실이다. 그렇다면 왜 저 친구는 나를 미워하는 것처럼 행동하고 화를 내는 것

일까? 잘 지내고 싶은데, 마음처럼 잘 되지 않아서 속상한 감정이 성
숙하지 못하게 표현되는 것뿐이다.

엽채야

우리 엽채가 친구들 때문에 화나고, 슬프고, 우울해서 선생님은 참 안타깝고 안쓰럽다. 우리 엽채는 착하고 여린 앤데. 애들이 잘 몰라 주네. 너를 싫어하는 것처럼 행동하는 애들한테 '나는 너랑 잘 지내고 싶어'라고 말하는 모습은 생각만 해도 찌질한 것 같지? 근데 그렇게 생각하고 돌아서면 너한테 '찌질해지지 않은 것'말고 남는 게 뭐가 있을까? 그냥 분노일 뿐이잖아. 물론 넌 힘들게 한 그 애들에게 똑같이 상처를 주고 싶고, 화도 나겠지. 당연해. 그렇다고 엽채가 정말 애들한테 똑같은 상처를 주고 싶은 거니? 정말로 네가 원하는 모습은 어떤 거니? 예전처럼 친구들과 잘 어울리고, 서로 즐겁게 지내는 거지? 엽채야……만약 그 모습을 이룰 수 없더라도, 그저 너만 노력하는 것 같을지라도, 그렇게 하면 우리 엽채가 마음이 훨씬 편하지 않을까? 선생님은 엽채가 조금만 더 용기를 냈으면 좋겠다!

from. 햇살쌤

173

一切唯心造
- - - - - -

어느 사냥꾼이

등에 활을 메고 다니다가

목이 말라 옹달샘에서

물을 급히 먹다 보니

자기 앞에 뱀이 꿈틀거렸다.

사실은 활의 그림자였으나

급한 김에 먹다 보니

뱀으로 보였고

따라서

자기가 그것을 먹은 것으로

착각하게 되었다.

결국 병이 나서 눕게 되었는데

백약百藥이 무효無效였다.

한 의사가 생각한 바 있어

그 사람에게 활을 메게 하고

그곳에 가서 활을 멘 채로

그대로 물을 먹어보라고 하였다.

또 뱀이 속으로 들어간다고 하니

정신을 차려 잘 보라고 하자,

그것은 뱀이 아니라

활의 그림자임을 알게 되었다.

그 후 병은 물약자효勿藥自效(약을 쓰지 않고도 병이 저절로 나음)가 되었다.

어떻게 생각하세요? 아직도 사람들이 나를 싫어하는 것 같아서 힘든가요?

친구들이랑

노는 게 최고!!

청소년기에는 친구가 최고다. 엄마아빠보다 친구가 더 좋다. 학교에서 만나고 온 지 30분이 채 안 되어도 아이들은 친구에게 전화를 하고 문자를 하고 채팅을 한다. 이야기를 해도 해도 끝이 없다. 지나고 보면 그저 그런 사소한 이야기들이었는데, 그 시절엔 왜 그렇게 모든 이야기가 비밀스럽고 광장해 보이는지…… 마음도 맞고, 언제나 내 편이 되어주고, 굳이 말하지 않아도 내 마음을 알아주는 친구, 아이들에겐 친구가 최고다!

| 모여야 제 맛, 함께 해야 제 맛!

마음 맞는 친구들과 함께 있는 시간은 무엇을 하든지 항상 짧게 느껴진다. 나도 이야기를 더 하고 싶고, 친구의 이야기를 더 들어주고 싶고, 함께 있어야 할 것 같다. 이런 관계가 계속되면 자연스럽게 무리가 형성된다. 때로 무리에서 벗어나는 사람도 생긴다. 또 한 번 무리에서 벗어나면 불안감을 느껴 어떻게든 다시 섞이고 싶어진다. 그 과정에서 상처를 받기도 하고, 상처를 주기도 하고, 다른 소중한 것들을 잃어버리는 경우도 생긴다.

왜 인간은 무리지어서 생활하는 것일까? 누군가 나를 알아주고 인정해주면 그 사람과 더 많은 것을 교류하고 싶어지는 것, 그리고 그들과 더불어 살아가고 싶어하는 건 인간의 본성이다. 아이나 어른이나 마찬가지이다.

내가 주로 함께 시간을 보내는 사람은 누구인가? 그 사람들과 있는 상황을 생각해보자. 몇 마디만 해도 내 마음을 다 알아주고, 내편이 되어주는 사람들이다. 학교 선생님, 학원 강사, 옆집 친구, 교회에나 동아리 선배, 부모, 형제자매 등등 내가 하는 이야기에 맞장구쳐주고, 고개를 끄덕여주는 친구들에게 이야기를 털어놓는다. 그렇지 않은 사람이나 처음 보는 사람에게 속이야기를 하는 경우는 거의 없다.

50대 한 어머님은 남편을 사고로 잃은 후로 친구들과 어울려 지내는 시간이 많아졌다. 자녀들이 그런 모습을 이해해주기 바랐다. 자신의 처지를 누구보다도 잘 알아차리고, 위로해주고, 힘든 시간을 잠시

마나 잊게 해주는 존재가 바로 그들이기 때문이다. 어른도 이런데 하물며 청소년들이 친구와 놀고 싶고, 더 많은 시간을 보내고 싶어하는 것은 당연하지 않을까? 만일 부모가 아이들의 이런 태도 때문에 서운해하거나 아이를 억압한다면 아이들은 점점 더 부모 곁에서 멀어질 것이다. 겉돌게 될지도 모른다.

아이가 친구들과 어울리는 것은 부모가 자신을 이해하지 못해서가 아니다. 부모보다 친구를 더 소중히 여겨서도 아니다. 그저 '현재 상황에서' 누구보다 자신을 잘 알아주고 생각을 공유하고 편이 되어주는 사람이 친구이기 때문이다.

이 글을 읽는 당신이 어른이라면 지나간 청소년기를, 혹은 현재 무엇인가를 시작하려는 자신의 모습을 생각해보자. 두근거리고 설레며, 누군가와 공유하고 싶어지는 그런 모습 말이다. 어린 시절 구슬치기를 할 때, 공기놀이를 할 때 누가 옆에 있었는가? 우리 아이가 제일 처음 컴퓨터 게임을 할 때 누가 함께 있었고, 누구에게 방법을 배웠을까? 자신과 이야기가 잘 통하는 사람, 함께 무슨 일을 해도 부담이 없는 사람. 그 사람이 바로 친구가 아닐까?

| 어린애 취급당하는 게 싫어요

고등학교 2학년 정규는 요즘 들어 친구들과 어울리는 데 많은 시

간을 보낸다. 집에 들어가지 않는 날이 부쩍 늘었다. 며칠 전에는 급기야 친구들과 오토바이를 훔치다가 걸려서 상담실에 오게 되었다. 건너편에 앉은 정규에게 친구들이 왜 그렇게 좋은지 물었다.

"말을 많이 하지 않아도 서로의 상황을 이해하고, 구구절절 설명하지 않아도 처지를 이해해주거든요. 함께 돌아다니면 세상 모든 것이 무섭지 않아요. 용감해질 수 있거든요."

서로 좋아하는 것도 비슷하고, 관심사도 비슷하고, 함께 있으면 재미있고 즐겁다고 한다. 이런 정규의 모습을 엄마는 이해하지 못했다. 그저 친구를 잘못 만나서, 나쁜 애들이랑 어울려 다니다 보니 정규가 그렇게 되었다고 생각했다. 상담센터에 왔을 때, 정규 엄마는 어떻게든 정규와 친구들을 갈라놓으려고 혈안이 되어 있었고, 정규는 엄마가 그러면 그럴수록 친구들과 더 어울리려고 했다. 그러다 보니 결국 친구들이 아닌, 엄마와 아들 사이가 점점 더 멀어지게 되었다. 정규는 엄마를 싫어하지 않는다. 하지만 친구들을 싫어하고 정규를 이해하지 못하는 엄마가 답답할 뿐이다.

정규 엄마는 요즘 청소년들이 듣기 싫어하는 말 중 하나가 친구 욕하기라는 사실을 받아들이지 못했다. 정규의 경우도 마찬가지다. 정규에게 친구들은 누구보다 자신을 잘 이해해주고, 속이야기를 누구보다도 잘 들어주는 존재이기 때문이다. 정규에게는 그걸로 그만이다. 어른들이 보기에 불량해 보이고, 철없어 보여도 그런 덴 신경 쓰지 않는다. 정규 입장에서 보면 엄마는 친구들과 게임이 안 된다. 왜냐하면 엄마는 정규를 동등하게 대해주지 않기 때문이다.

애나 어른이나 자신을 알아주는 상대를 좋아한다. 그런 사람하고 이야기하고 싶어한다. 그리고 그들과 계속 어울리고 싶어한다.

"상담실에 왔으니까 너 하고 싶은 이야기 다 해봐라. 상담선생님은 네 얘기 잘 들어주실 거야."

이런 말 말고, 엄마가 먼저 머릿속에 그리고 있는 상담선생님처럼 그렇게 자녀의 이야기를 들어준다면 어떨까? 자녀와 친구인 것처럼 혹은 동료인 것처럼 대화를 나눈다면 관계가 훨씬 원만해지지 않을까?

대학시절 지도교수님은 이렇게 말씀하셨다.

"어린 자녀는 0촌, 중학생 자녀도 0촌, 고등학생 자녀는 0촌, 대학생 자녀도 0촌, 결혼한 자녀도 0촌으로 생각해라."

이 말이 요즘 내게 참 깊이 와 닿는다. 부모들은 자녀를 그렇게 바라보아야 한다.

to. 정규야,

정규는 그런 멋진 친구들이 있어서 참 든든하겠다. 그리고 정규 같은 멋진친구 덕에 그 친구들도 참 좋겠다.

반대로 엄마 때문에 속상하기도 하지? 정규가 보기엔 괜찮은데 착한 애들인데 어른들이 색안경을 끼고 봐서.

그 친구들과 정규가 오랫동안 우정을 나눌 수 있었으면 좋겠다. 서로 추억을 나누고, 서로 아껴주고, 힘이 되어주는 친구. 하지만 지금 당장은 엄마, 친구들 모두와 관계를 유지하기 위해 정규가 무엇을 할수 있는지, 그리고 그 친구들이 무엇을 할 수 있는지 생각해 보렴.

친구와의 사이만 좋다고 관계가 오래 지속될 수 있는 건 아니란다.

우리의 가족들도 친구 사이만큼 서로의 관심과 사랑을 요구한다는 것 네가 꼭 알았으면 좋겠어.

from. 햇살쌤

정규 어머니,

어머니의 친구들은 어떤 분들인가요?

그 분들과는 어떤 추억들이 있나요?

그 추억을 생각하면 어머니 마음에는 어떤 변화가 있나요?

어머니에게는 소중한 분들이시죠?

오늘은 정규와 어머니의 소중한 친구들을 떠올리시고, 그 감정을

이야기해 보시는 건 어떤까요?

재미있는 추억도 이야기해 보신다면 더욱 좋겠죠?

정규 어머니가 생각하시는 친구와 정규가 생각하는 친구는 크게다

르지 않을 테니까요!

from. 햇살쌤

누군가를

배웅할 때

 나이가 들수록 내가 알고 있던 사람들, 특히 나와 추억을 공유했던 사람들이 하나 둘 떠나간다. 어쩔 수 없는 일이다. 하지만 그런 일은 아무리 많이 겪어도 적응이 잘 안 된다. 그런 일이 생길 때마다 허망함과 상실감에 빠져 한동안 헤어나오지 못하고 일상생활조차 힘들어하는 나를 발견한다. 특히 아무런 마음의 준비가 되어 있지 않은 상태에서 누군가를 배웅하게 되면 더욱 그렇다…….

│ 친구를 먼저 보내야 할 때

 한나는 친구가 자살한 뒤 상담실을 찾아왔다. 장례식장에서 다른 친구들과 함께 밤을 지내고 친구를 보냈다. 한나는 자신이 아무것도 해주지 못한 데 대한 죄책감과 상실감을 주체할 수 없었다고 말한다.

누군가를 잃는 것, 특히 주변 사람이 자살로 사망할 경우 그 충격은 지하철 참사를 직접 겪은 것과 맞먹는다. 하지만 아무리 수치화해서 머리로 이해한다 하더라도 상처받은 마음을 어루만질 수는 없다.

2011년 현재, OECD 국가 중 청소년 자살률이 가장 높은 국가가 바로 대한민국이다. 그만큼 청소년 자살로 영향을 받는 사람도 많아졌다. 그들의 가족, 친구, 선생님 등이다. 이러한 사람들을 '자살 생존자 Suicide Survival Person'라고 한다. 외국의 경우, 특히 우리와 가까운 일본의 경우 주변 사람의 자살로 인해 상처받은 사람들을 돕기 위한 체제가 비교적 잘 갖추어져 있다. 그들끼리 모임을 만들어 상담을 받거나 심리적 위기에 놓이지 않도록 서로 용기를 준다. 또 자신의 특별한 경험을 공유하기도 한다. 비단 일본뿐만이 아니다. 미국과 호주 등 서양에서도 자살 생존자들을 돕기 위한 체제들이 잘 이루어져 있다. 어떻게 해야 그들을 잘 배웅할 수 있는지 돕는 지침들이 많다.

우리나라는 사정이 열악하다. 실제로 2009년 안양시청소년지원센터에서는 자살로 사망한 청소년이 있을 경우, 그 청소년의 주변 친구들에게 어떻게 설명하고 공지할 것인지를 탐색한 적이 있다. 이때 대부분의 어른들은 '자살'이라는 말만 들어도 학생들이 자살할 수 있다고 판단해 단어 자체를 언급하기 꺼려했다. 실제로 자살 사건이 일어났다 하더라도 다른 사고사로 전달하고, 어른들만 이 사실을 아는 것이 좋겠다는 의견이 많았다. 아이들이 궁금해하더라도 그에 대한 정보는 일절 나누지 않는 편이 아이들의 동요를 막을 수 있다고 결론지었다. 정말 그럴까?

실제로 내가 청소년 지도자들을 대상으로 자살예방지도자양성교육을 했을 때, '자살'이라는 단어를 직접적으로 사용했더니 어떤 분이 "선생님, '자살, 자살' 하니까 어른인 저도 듣기 거북한데, 이걸 애들한테 직접적으로 말해야 합니까?"라는 질문을 던졌다. 어른들의 기우일 뿐인가? 아니면 정말 아이들이 영향을 받을까? 물론 영향을 받을 수 있다. 그렇다면 그런 아이들을 식별하여 도와주는 것 역시 어른들의 몫 아닐까? 자살에 대해 바르게 인식시키고, 자살예방에 힘쓴다면 그렇게 걱정하는, 즉 자살이라는 이야기만 들어도 동요하게 되는 상황은 막을 수 있지 않을까?

| 자살예방교육이 절실한 이유

나는 청소년을 대상으로 자살예방교육을 할 때나 지도자들을 대상으로 교육할 때에도 '자살'이라는 단어를 그대로 사용하고, 자살에 대한 생각을 직접적으로 묻는다. 예방이든 방지든 제대로 '까놓고' 하자는 이야기이다. 과연 아이들 앞에서 '자살'이라는 단어를 쉬쉬하는 게 자살 예방에 더 좋은 방법일까? 아니면 자살이 얼마나 잘못된 행동인

185

지, 주변 사람들을 얼마나 힘들게 하는지 알려주는 게 더 좋을까? 제대로 알려주고 깨닫게 해서 예방하는 것이 더 확실하지 않을까?

위에서 언급했던 것처럼 확실히 우리나라는 다른 국가들보다 자살 사건이 일어났을 때 충격을 받은 사람을 대상으로 어떤 도움을 주어야 하는지 잘 모르고 있는 듯하다. 그들이 받았을 심리적 충격을 완화하기 위해서는 어떻게 해야 하는지, 베르테르효과(유명인이나 자신이 모델로 삼고 있던 사람 등이 자살할 경우, 그 사람과 자신을 동일시해서 자살을 시도하는 현상)처럼 그 사건으로 인해 생길 수 있는 모방 자살은 어떻게 예방하는지, 사건의 충격에서 벗어나 다시 일상생활로 돌아갈 수 있도록 돕는 방법은 무엇이 있는지, 이러한 역할을 누가 해야 가장 효과적인지 등 많은 연구가 시행되고 있지만 아직 미약하다.

자살로 인해 주변 사람들이 받게 되는 충격은 상실감을 비롯하여 두려움과 불안, 자살한 이에 대한 원망, 외로움과 허망함, 슬픔, 현실을 인정하지 못하고 부인하기, 자살을 막지 못한 자책감 등을 들 수 있다. 겪어보지 않은 사람은 '무슨 그런 감정까지?'라고 생각하겠지만 많은 연구 결과 이런 사실들이 속속 밝혀지고 있다. 더욱 위험한 것은 이러한 일을 해결하려고 노력하지 않는다는 데 있다. 힘든 일을 겪는 사람들에게 입버릇처럼 하는 말 중 하나가 "시간이 약이다."이다. 그 말도 틀린 것은 아니지만 사람을 잃은 큰 충격을 방치하고 막연히 괜찮아질 '언젠가'를 기다리는 것은 매우 위험하다.

| 슬픔은 혼자 사라지지 않는다

주변 사람의 자살로 절망에 빠진 사람에게 "괜찮아질 테니 참으라."고 말하는 것은 도움이 되지 않는다. 그보다 그 사람이 받은 충격과 그에 따른 생각을 솔직하게 나눌 수 있도록 곁에서 도와야 한다. 만일 자녀가 친구의 자살로 정신적인 고통을 겪고 있다면 부모가 나서서 아이와 대화를 시도해야 한다. 친구의 죽음을 어떻게 생각하는지, 처음 소식을 접했을 때 마음이 어땠는지, 슬픔을 견디는 게 얼마나 힘든지를 들어보고 아이를 위로해야 한다. 자살한 사람이 아이와 특히 가까운 사이였다면 더욱더 관심과 시간을 들여야 한다.

별로 가깝지 않았던 사이라 할지라도 누군가의 죽음에 충격을 받을 수 있다. 심지어 죄책감이 들고 자책할 수도 있다. 죽은 사람을 향해 화를 낼 수도 있고, 어쩌면 상실감에 생의 의욕마저 잃을 수 있다. 친한 사람을 떠나보낸 마음이 오죽할까? 생각만 해도 복잡하고 두려운 감정들이지만, 누군가는 반드시 들어줘야 한다.

아이의 친구가 자살이라는 극단적인 행동을 한 것이 나쁘냐, 옳지 못하다 판단하기 전에 그 일로 인해 충격받았을 내 아이를, 내 친구의 마음을 먼저 보아야 한다. 그리고 아무리 시간이 오래 걸리더라도 친구의 죽음을 충분히 애도할 수 있도록 도와줘라. 만약 아이 스스로 감당할 수 없을 만큼 큰 충격을 받았다면 전문가에게 도움을 요청하라. 절망을 나눌 줄 알고, 슬픔을 위로할 줄 아는 사회가 건강하다.

슬픔은 혼자 사라지지 않는다.

to.   하나야,

갑작스럽게 친구를 떠나보내게 된 상황이 너무 안타깝다.

친구와 함께 오랫동안 많은 추억을 공유하면 얼마나 좋았을까. 지금 하나의 마음이 많이 아플 것 같아. 어쩌면 자책을 한지도 몰라. 그러나 네 잘못이 아니야. 정말이야. 친구의 죽음을 막기 위해 애썼어야 했다는 생각이 들 수도 있어. 그럴 때는 잊으려고 노력하는 것보다, 그 친구와 함께 만들었던 즐거운 추억들을 떠올려보렴. 넌 그 친구에게 충분히 좋은 사람이었단다. 더 이상 자책하지 않았으면 좋겠어. 지금 힘든 이 순간, 친구를 배웅하는 데 온 힘을 다 했으면 좋겠다. 그 친구를 만났던 것이 얼마나 큰 행복인지, 그런 친구가 떠나서 얼마나 슬픈지, 하나도 빠뜨리지 말고 생각해보렴. 그리고 지금 이 순간 너의 옆에도 누군가가 있다는 것을 잊지 말아라. 네가 친구의 죽음 때문에 힘든 것처럼 그들도 너를 보면 힘들어한단다.

그 사람들은 네가 이 문제로 너무 많이 힘들지 않았으면 좋겠다고 바란단다. 또 네가 친구를 잘 배웅하기 바란단다. 그리고 하나가 다시 용기를 내고 힘을 내서 잘 살아가길 바랄 뿐이란다.

너를 사랑하는 주위 사람들을 생각하면서 힘을 냈으면 좋겠다!

                                            from. 햇살쌤

189

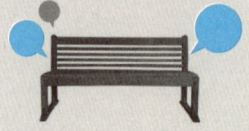

• 마음문 노크하기 •
아이의 마음 노크하기

이 글을 읽고 계신 부모님, 선생님, 청소년과 함께 살아가고 있는 어른들에게 부탁드

립니다. 아이의 주변 사람이 자살하는 사건이 발생했다면, 이렇게 도와주세요.

1. 최대한 빨리, 24시간 내에 개입될 수 있도록 해주세요.

2. 생존자, 즉 아이의 반응을 전문가와 함께 지켜봐 주세요.

3. 아픔, 분노, 두려움, 창피함, 죄책감 등과 같은 외상 혹은 부정적 감정을 다뤄주세요.

4. 실제 시도자가 사후개입자로서 역할을 하기도 합니다. 만일 그러한 사례가 있다

면 함께 공유하고 시도해보세요.

5. 자살 위험, 감소, 변화 등 끊임없는 자살 경고에 관심을 가져주세요.

6. 극단적 낙관론을 갖거나, 진부한 의견을 제시하지 말아주세요.

7. 외상이기 때문에 몇 개월 만에 끝나지 않을 수도 있습니다. 한 회기에 90분 이상

의 시간을 들여주세요.

8. 예방–개입–사후개입이 종합적으로 접근될 수 있도록 도와주세요.

출처 : Leenaars, A. A.(1998). Principles of Postvention

: Applications to Suicide and Trauma in Schools. Death Studies 22(4):357~391

사랑하는 사람의 자살로 고통받고 있는 분들께

자살로 인해 누군가를 잃었다는 것은 매우 어렵고 힘든 경험임에 틀림없습니다. 어렵더라도 그럴 때일수록 다른 사람들과 접촉하세요. 친구들과 가족은 무슨 말을 해야 할지, 어떻게 도와야 할지 모를 수 있어요. 할 수 있는 한 당신의 생각과 느낌들을 공유하는 것이 중요합니다. 만약 당신이 그들에게 필요한 것이 있다면 요청해 주세요. 유사한 경험이 있는 다른 사람들과 함께 이야기를 하고 격려하는 자리에 참여하는 것은 당신에게 매우 도움이 됩니다. 진행되는 상담 과정에서 다른 사람과 의견이 다를 수도 있습니다. 하지만 똑같은 아픔을 겪은 사람들과 생각을 교환하고, 그들을 믿고 말하는 것은 매우 도움이 됩니다. 당신도 자살을 생각할 수 있습니다. 하지만 자살에 대해 생각한다는 것이 곧 자살을 의미하는 것은 아닙니다. 괴로워하지 말고 그런 생각을 할 수 있음을 인정해 주세요. 기념일 생일 휴일은 특별히 어려울 수 있습니다. 그 동안 해왔던 방식 혹은 새로운 방식으로 지내도 좋습니다. 당신이 그 사람을 사랑했던 상징적인 기억들을 꺼내보는 게 애도하는 데 도움이 될 수 있습니다. 당신에게 건맞게 하루를 지내십시오. 수치, 신경쇠약, 혹은 불안, 불면증을 느낄 수도 있습니다. 슬픔을 느낄 때 신체적인 행동을 해보십시오. 두통이나 식욕억제와 같은 것이 완화될 수도 있답니다. 슬픔은 과정입니다. 그러니 슬퍼하고 있는 자신을 위로해 주십시오. 더 이상 견딜 수 없다고 느낄 때, 상심으로 인해 다른 사람과의 교류가 어렵다고 느껴질 때에는 도움을 요청하세요. 당신 자신이 자살로 인해 사람을 잃은 사람들을 도울 수 있습니다. 만약 자살로 누군가를 잃은 사람이 있다면 어떻게 이해해야 할지, 어떻게 도와주어야 할지 당신이 할 수 있는 만큼 이해하고 사랑해 주세요. 당신의 머리와 가슴이 어떻게 흘러가고 있는지 표현해 주세요. 억누르지 마세요. 천천히, 천천히……

출처 : American Foundation for Suicide Prevention. www.afsp.org

정신건강

청소년의 마음을 튜닝하다!

세상에는 완벽하게 정상인 사람도 완벽하게 비정상적인 사람도 없다. 삶이 너무 힘겹거나, 남보다 많은 문제를 안고 있거나, 일상이 복잡한 사람이 있을 뿐이다. 남보다 더 무게를 느끼는 탓에 현실이라는 땅에서 두 발을 조금 더 높이 들어 올린 사람이 있을 따름이다. 그런 상황만 아니면, 그들도 건강하게 살아갈 수 있을지도 모른다. 생각하고 행동하는 게 나와 다르다고, 너무 예민하다고, 혹은 너무 무심하다고 멀리했던 친구들은 없는지 생각해보자.

어떻게

밥을 혼자 먹어요?

무엇을 하든지 다른 사람과 꼭 같이 해야 하는 유형이 있다. 특히 청소년기 여학생들 가운데 그런 아이들이 많다. 화장실에 갈 때, 급식 먹으러 갈 때, 구내매점에 갈 때, 학원 갈 때……. 이런 유형의 아이들은 혼자 지내는 걸 참지 못한다. 불안해하고 신경이 날카로워지고 자기가 무시당한다고 생각한다. 옆에 누군가 있는 것으로 자기 존재를 확인하는 유형의 아이들이다.

찌질하게 보이고 싶지 않아요

대학교 1학년 민지는 입학한 지 얼마 되지도 않았는데 벌써 힘들다고 한다. 무엇이 그렇게 힘든지 물었더니, 밥을 굶는 게 힘들다고 대답했다.

197

"왜 밥을 못 먹어? 무슨 일이 있니?"

"아뇨. 아직 학기가 시작된 지 얼마 안 돼서 친구가 없거든요. 혼자 점심을 먹어야 되는데, 밥을 혼자 먹는 건 죽기보다 싫고……. 그래서 아예 못 먹고 다녀요."

대학에 입학은 했지만 학교에 애착도 별로 없고, 친구들도 쉽게 사귈 수 없다 보니 학교에 있는 시간이 더 힘들어진 것이다. 친구가 없으니, 매일 수업 마치는 시간만 기다리게 되었다. 쉬는 시간에는 혼자 도서관에서 시간을 보내다가 다음 강의실로 옮기는데, 그때는 이어폰을 꽂고 음악을 듣고 다니니까 할 만하단다. 그렇지만 시간 공백이 길 때는 어디서 시간을 보내야 될지 늘 고민이다.

"점심 먹을 때 혼자 먹는 사람들은 없어?"

"몇 명 있기는 해요. 우리 과에 재수한 언니들은 대부분 혼자 다녀요."

"그런 언니들을 보면 어떤 생각이 들어? 언니들은 혼자서도 먹는데 민지는 왜 혼자 밥을 안 먹지?"

"용감하다는 생각이 들면서도 한편으로는 좀 불쌍해 보여요. 얼마나 찌질하고 친구가 없으면 혼자 밥을 먹나 싶은 생각이 들어서요. 제가 혼자 밥을 먹으면 남들도 절 그렇게 볼 것 아니에요? 어유, 그건 끔찍해요. 상상도 하기 싫어요."

남학생들은 가끔 "여자들은 왜 화장실에도 같이 다녀요?"라고 묻는다. 무슨 특별한 이유가 있는 건 아니지만, 그냥 같이 가고 싶을 수도 있는 것 아니겠느냐고 했더니 이해할 수 없다는 표정을 지었다.

대부분의 남학생들 반응이 이렇다. 민지가 여자라서 그런 걸까? 아니면 소심해서? 그것도 아니면 혈액형이 A라서? 모두 대답이 될 수 없다. 그저 생각의 차이일 뿐이니까.

편견을 버리면 행동이 자유로워진다

밥을 혼자 먹고 있는 사람을 떠올려보자. 누군가 식당이나 카페테리아에 혼자 앉아 밥을 먹고 있다. 그 사람을 볼 때 어떤 생각이 들까? 혼자 밥 먹는 게 불쌍해 보이고, 친구들이 없는 것 같아 보이고, 이상해 보일까? 그렇게 보는 것은 누구의 눈인가? 모든 사람의 눈이 다 그렇게 바라볼까? 아니면 원래 '밥을 혼자 먹는 상황' 자체가 처절한 것일까? 혹시 여러분만 그렇게 생각하는 건 아닐까?

이번엔 혼자 밥을 먹고 있는 나를 상상해보자. 주변 사람들이 혼자 밥을 먹는 나를 쳐다볼까? 만약 본다면 시선이 이상한가? 불쌍하다는 듯한 눈빛으로 쳐다보고 있는가? 만약 그렇다고 생각한다면, 그 사실을 증명할 수 있나?

다시 한 번 묻고 싶다. 혼자 밥을 먹고 있는 나의 모습이 불쌍하고, 초라하다고 생각하는 것은 그들의 생각일까? 아니면 내 머릿속에서 그려낸 생각에 불과할까?

만약 처음 가보는 곳, 예를 들어 외국 거리의 식당에 본인이 혼자 있다면 어떨까? 외국에 유학을 간, 혹은 여행을 간 자신이 식당에 들어가서 밥을 먹는 모습을 상상해보자. 물론 어색할 수 있다. 그러나 그것이 상상조차 할 수 없을 만큼 이상한 일은 아닐 것이다. 외국인들도 혼자 밥 먹는 나를 보며, '얼마나 친구가 없으면······.' 하고 생각할까? 전혀 아니다. 한마디로 밥을 혼자 먹는 상황 자체가 힘든 게 아니라 그 상황을 바라보는 편견 때문에 힘든 것이다.

 민지야,

갓 대학에 들어갔으니까, 혼자밥먹는 게 왠지 부끄러울 수 있어. 어른들 가운데도 그런 사람이 있어. 하지만 다른 나라에서, 아니 요즘은 한국 사람들도 혼자밥먹는 걸 어색해하지 않아. 특히 직장인들이나 혼자사는 사람들은 그런 일이 자연스럽단다. 사회적 구조와 생활의 변화가 가져온 변화라고 생각하고 받아들이면 어떻겠니? 그들도 처음에는 어색했겠지만, 이런 현상은 점점 더 '보편화될 거야. 그러니 부끄럽다고 굶는 어리석은 일은 그만두었으면 좋겠다.

혼자먹는 밥 나름의 맛, 혼자 즐기는 그 여유를 네가 충분히 누렸으면 좋겠다. 식사 시간이 얼마나 자유로울 수 있는지, 그 자유가 본인의 시간을 얼마나 크게 바꿀 수 있는지 꼭 한번 경험해보렴.

from. 햇살쌤

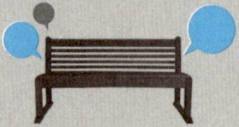

마음문 노크하기
아이의 마음 노크하기

혼자 하면 즐거운 것들을 적어볼까요?

_____

혼자서 절대로 못 할 것 같은 일들을 적어볼까요?

_____

절대로 못 할 것 같은 일을 하게 되면 기분은 어떻게 변할까요?

_____

나는

구제불능 스컹크야

"선생님, 제 몸에서 냄새가 나요."

고등학교 3학년인 인경이가 처음으로 내게 한 말이다. 인경이는 매우 부끄러운 듯 얼굴까지 붉혔다. "뭐, 냄새라고? 안 나는데……." 이렇게 대답했지만 인경이는 막무가내였다. 특히 사람들 앞에 나설 때 냄새가 심해진다고 호소했다. 반복되는 강박적 사고나 행동패턴에 지배되어 괴로움을 겪는 '강박장애'의 전형적인 모습이다.

| 선생님도 내 말을 못 믿는 거죠?

'강박장애'란 강박적 사고나 증상에 시간을 많이 소모하고, 고통과 장해를 입는 상태를 말한다. 또 강박적 사고는 지속적으로 떠오르는 관념이나 사고, 충동, 또는 심상으로서 대개 부적절한 것들이다. 가장

203

흔한 강박적 사고 가운데 하나는 인경이의 경우처럼 '오염에 대한 반복적 생각'이다.

인경이네 집은 평범한 듯하다. 하지만 이야기를 들어보면 꼭 그렇지만은 않은 것 같다. 아빠는 도시에서 회사를 다니다가 1년 전 지방으로 발령을 받았다. 그때부터 아빠는 혼자서 회사 근처에서 살게 됐고, 집에는 일주일에 한 번 정도 내려왔다. 매우 우아한 성격의 엄마는 대놓고 화를 내거나 짜증을 내는 대신 히스테리 증세가 늘어갔다.

인경이네 엄마는 학구열이 높다. 아이들이 어릴 때부터 영어를 직접 가르칠 정도다. 언니는 다행히 공부를 잘해서 엄마의 친구들이 부러워할 만한 직업을 가졌다. 하지만 인경이는 고등학교 2학년 때까지만 해도 공부를 꽤 잘했지만 요즘 날이 갈수록 성적이 떨어져서 집에서는 천덕꾸러기 신세다.

엄마와 아빠 사이가 좋지 않을 때, 언니가 집에 와서 신경질을 낼 때 등 안 좋은 일이 생기면 모든 화살이 인경이에게 날아온다. 남편과의 다툼, 인경이의 성적 문제 등으로 지친 엄마는 몇 주 전부터 우울증 약을 드신다.

인경이는 '공부를 잘해서 대학에 가고, 그렇게 해서 빨리 이 지옥같은 집에서 벗어나고 싶다.'고 생각한다. 그러나 공부가 생각만큼 잘 안 된다. 언니와 비교당하는 것도 싫다. 스트레스가 이만저만이 아니다. 그런데 얼마 전부터 이상한 현상이 생겼다. 인경이가 자기 몸에서 이상한 냄새가 나는 걸 느낀 것이다. 특히 남 앞에 나가서 발표해야 할 때가 되면 스멀스멀 방귀가 새어나오면서 몸에서 냄새가 난다는 것이다. 인경이는 '내 말을 믿겠어요? 당신도 내가 이상하다고 말할 거죠?' 하는 절망적인 표정이었다.

인경이는 고등학교 1학년 때 자살을 시도했다. 공부가 힘들고, 엄마의 요구에 부응하는 게 어렵다고. 그 사건 이후 인경이 엄마는 아이를 데리고 유명하다는 병원이란 병원은 다 찾아다니면서 상담을 받았다. 상담 결과 모두 인경이의 잘못으로 밝혀졌다. 내심 '내 잘못이면 어쩌나?'고 고민하던 엄마는 '그럼 그렇지. 내 잘못이 아니야.' 면서 자신을 위안하게 되었다. 그 이후로 인경이의 생활은 더 참혹해졌다. 증상은 조금도 나아지지 않았고, 인경이와 엄마의 관계는 더 나빠졌다. 인경이는 심지어 '학교를 그만두면 어떨까?' 하는 극단적인 생각까지 하게 되었다.

| 타인의 기대에 맞추는 건 발전이 아니야

어쩌면 사람들은 인경이 같은 아이는 신경과나 정신과 치료를 받아야 한다고 생각할지도 모른다. 그러나 상담실을 찾아온 인경이는 정신과 치료를 받아야 하는 환자가 아닌, 그저 삶이 고달프고 뜻대로 안 돼서 막막한 보통의 10대 여자아이였다. 또 방황하기만 하는 아이들과도 사뭇 달랐다. 우선 자기 자신에 대한 믿음이 확실했고, 누구보다도 잘 살아보겠다는 의지가 강했다. 누군가가 인경이에게 "잘하고 있다!"는 진정어린 말 한 마디만 건네주면 금방 힘을 얻을 수 있는 그런 아이였다.

인경이는 주어진 환경에 대처하느라 내부의 힘을 모두 소진하고 있었다. 집안에서 미미해 보이는 자신의 존재감을 높이기 위해, 엄마 말처럼 쓸모없는 사람이 되지 않기 위해서. 하지만 어떤 때는 그렇게 노력하는 것 자체가 의미 없는 일로 보였다. 차라리 본인이 사라지는 편이 나을 거라는 생각도 들었다. 점점 자신감도 사라졌다. 그러다 보니 자신의 장점이나 특기를 제대로 볼 수 없고, 다른 누군가와 함께 있으면 항상 위축되었다. 특히 사람들 앞에 나서는 일은 아주 고역이었다. 그런 상황이 오면, 자신도 모르게 몸에서 악취가 난다고 느끼게 되었고 그 자리를 피해야만 자신을 보호할 수 있다고 생각했다.

신경학적인 이상은 발견되지 않았으니, 인경이가 자신을 똑바로 보면 충분히 해결할 수 있는 문제이다. 자기 자신을 제대로 보고, 인정해주는 연습을 해야 한다. 즉, 이런 힘든 상황에서도 열심히 노력하고 있는 자신, 잘 살아보기 위해 애쓰는 자신의 모습을 말이다. 무엇보다도 함께 해결해보자고 상담실에 찾아온 의지를 가지고 있는 자신의 모습을 직시하는 것이 먼저다.

내가 이런 말을 했을 때 인경이가 대답했다.

"선생님, 그렇게 좋게만 보면 저는 계속 그 자리에 머물러 살게 될 거예요. 아무런 발전도 없이……. 그렇게 나태하게 살면 저는 아무것도 되지 못할 거예요."

하지만 인경이는 잘못 생각했다. 그처럼 열심히 살려고 노력하는 '자신'이 있는데 나태해질 이유가 어디 있겠는가? 그렇게 노력하는데 '그대로 머물러' 있을 수 있겠는가? 남과 비교하면서, 자신의 능력 따위는 아랑곳없이, 부모나 교사 혹은 가족들의 기대치에 맞추고자 자신을 채찍질하는 건 진정한 노력이 아니다. 또 자신의 모든 감정과 생각을 억누르면서 자기가 '생겨먹은 대로' 살지 못하고 남들이 원하는 대로 살아가는 건 절대 발전이라고 볼 수 없다. 인경이가 지금 딱 그런 상태에 있다. 아니, 수많은 10대의 인경이가 그런 상황에 있다.

인경아, 계속 해라.

기준은 네 안에 있는 거지 밖에 있는 게 아니란다.

인경이가 누군가의 기대에 부응하기 위해 존재하는 건 아니란다.

만일 네가 누군가의 기대에 부응하기 위해 살아가고 싶었다면 나를

만나러 오지도 않았겠지?

점점 힘이 생기는 자신을 똑바로 직시하기 바란다.

인경아, 너는 지금도 충분히 괜찮은 아이란다.

내 말을, 그리고 자신을 믿어주기 바란다.

from. 햇살쌤

• 마음문 노크하기 •
아이의 마음 노크하기

하루에 내가 잘하고 있다고 생각해본 적은 몇 번이나 있나요?

자신을 향해 "잘하고 있어!" 하고 칭찬해준 적은 하루에 몇 번이나 있었나요?

자성예언

예 : 나는 멋있고 좋은 사람이다.

나는 무엇이든지 끝까지 열심히 한다.

나는 내 인생의 주인공이다. 등

1.

2.

3.

4.

5.

7.

8.

9.

10.

지금

내 욕하는 거 맞지?

마음에 들지 않는 옷을 입고 외출했을 때 혹은 머리를 감지 않고 외출했을 때 사람들을 만나게 되면 조금은 움츠러들었던 기억, 누구에게나 한 번쯤 있다. 잠시 화장실에 갔다가 돌아왔는데, 친구들이 수다를 떨다가 갑자기 멈춘다. 그때 여러분은 어떤 생각이 들까? 누군가가 내가 있는 쪽을 보면서 옆에 있는 친구와 수군거린다면 여러분은 분명 '저애들이 지금 내 흉을 보고 있는 거 아니야?' 하고 생각할 것이다.

짐작과 다른 경우가 더 많다

누구나 한 번쯤 겪었을 법한 이런 경험 때문에 지금 내 앞에 앉아 있는 선우는 고민에 빠져 있다. 너무 울어서 눈이 퉁퉁 부었다. 다음은 선우와의 일문일답이다.

　"선생님, 애들이 내 욕을 하고 있는 것 같아요."

　"확실해? 그애들이 너를 욕하는 게 확실해?"

　"네? 네……."

　"무슨 욕을 하는데?"

　"그건 잘 모르겠어요……. 그냥 그런 것 같아요."

　(참 답답하다!)

　"확실히 알지도 못하면서 너를 욕한다고 생각하는 이유는 뭔데?"

　"그냥……. 애들이 나랑 눈을 마주치면 자꾸 피하고, 내가 앉아 있는 쪽을 흘끗거리면서 킥킥거리고……."

　"네가 다른 사람을 욕할 때 그런 행동을 하나 보다. 그래서 다른 사람이 그런 태도를 보이면 널 욕한다고 생각하는 거 아니야?"

　(이 말을 들은 선우의 얼굴이 살짝 붉어졌다.)

　"선우야, 확실하지도 않으면서 걔네들이 너를 욕한다고 생각하는 게 너한테 무슨 도움이 되니?"

　"……."

　사람들에게 욕을 먹지 않으려면 어떻게 살아야 하는지 어른인 나도 모르겠다. 모든 사람들에게 잘 보이고 싶은 마음을 모르는 것은 아니다. 모든 사람들이 나를 좋아하고, 욕도 하지 않게 된다면 얼마나 좋겠는가? 하지만 그 문제는 내가 어떻게 할 수 없는 것이다.

"선우야, 너 자꾸 그러면 병 된다. 정신적으로도 스트레스를 받고, 마음에도 얼마나 상처가 되겠니? 확실하지도 않은 일 가지고 말이야. 안 그래?"

"선생님, 저도 그렇게 살고 싶지 않아요."

(얼굴을 살짝 들고 말하는 선우의 눈빛에 절실함이 배어 있다.)

"그럼 너는 어떻게 살고 싶은데? 네 말처럼 사람들이 네 욕을 하는 것처럼 보이는 상황은 또 생길 수 있는데……. 그때마다 스트레스를 받을래? 어떻게 해야 할지 한번 깊이 생각해봐."

"애들한테 직접 가서 물어볼까요?"

"물어보고 싶어?"

"아뇨. 실은 물어보는 것도 웃길 거 같아요. 정말 욕을 했다고 해도 '그래, 내가 네 욕 했다!'고 말할 사람은 없으니까. 그리고 만일 내 욕을 안 하고 있었다면 그렇게 물어보는 나를 정신이상자처럼 볼 걸요. 그러면 진짜 욕먹을 사람이 되는 거잖아요?"

| 아이들은 진짜 내 욕을 했을까?

선우는 이제 상황을 제대로 판단하고 있다. 자신의 짐작이 맞을 수도 있지만, 완전히 틀릴 수도 있다는 사실을 인정한다. '제멋대로의

판단'하기에서 벗어나 사실을 객관적으로 생각하기 시작하면 상황 파악이 수월해진다. 괜히 섭섭해하거나 남을 욕할 일이 적어진다. 물론 나 역시 실천하기 어려운 일이다.

대부분의 아이들은 상담 시간에는 이성적으로 생각을 잘한다. 말을 잘 알아듣는 선우가 기특해서, 조금 더 나가보자고 마음먹고 상담을 계속했다.

"그러게. 나 같아도 '그래, 네 욕 했다'라고는 말 안 할 것 같아. 근데 선우야, 방금 네가 얘기했지? 네 욕을 안 하고 있었을 수도 있다고."

"네. 욕을 안 하고 있었을 수도 있죠."

(그제야 상황을 제대로 생각해볼 수 있었나 보다. 얼굴이 밝아진다.)

"그치? 네 욕을 안 했을 수도 있고, 했을 수도 있고. 그런데 욕을 한다는 쪽으로만 생각하는 게 너에게 좋지 않을 거라는 건 잘 알지?"

"네. 저만 괴로울 뿐이죠."

(선우가 빙긋 웃는다.)

"아, 선생님이 하려는 말이 뭔지 알겠어요."

선우야, 참 애쓴다.

사람들에게 잘 보이고 싶고, 좋은 사람이고 싶은 마음 갖느라고 애 많이 쓰는구나!

선우가 잘 알고 있듯이 모든 사람들에게 좋은 사람은 없을 거야.

근데 지금 선우처럼 잘 보이고 싶고 좋은 사람이고 싶은 마음을 갖고 있으면 그렇게 살지 않겠니? 마음껏 살아봐. 선우는 마음껏 살아도 충분히 괜찮은 사람이고 좋은 사람이란다. 지금 그대로 살아도 선생님에게는 선우가 참 좋은 사람이고 괜찮은 사람으로 보이지만 말이야!

from. 햇살쌤

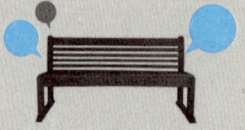

마음문 노크하기
아이의 마음 노크하기

인간관계를 개선하는 여섯 가지 비결

- 여섯 번째 비결 "그것은 제 잘못입니다."라고 말하라.

- 다섯 번째 비결 "당신 생각에는 어떻게 하는 것이 좋겠습니까?"라고 물어라.

- 네 번째 비결 "당신이 원한다면……."이라고 말하라.

- 세 번째 비결 "감사합니다.", "고맙습니다."라고 말하라.

- 두 번째 비결 "당신은 정말 멋진 사람입니다."라고 말하라.

- 첫 번째 비결 "이 세상에서 가장 중요한 단어가 '당신', '우리'이고 이 세상에서 가

  장 쓸모없는 단어가 '나'라는 단어이다."라고 말하라.

출처 : 유동수(2005) 감수성 훈련 – 진정한 나를 찾아서 중

살맛이

안 나요

통계청 자료(2009)에 의하면 10대의 주요 사망원인 중 1위인 교통사고에 이어 자살이 2위로 나타났다. 우리 사회는 지금 지진이나 쓰나미 등 자연재해로 인한 사고사事故死보다 '자살'로 인한 사망자가 더 많은 슬픈 현실 속에 있다. 특히 주변 환경에 금방 오염되며 충동적인 청소년들이 가장 큰 영향을 받는 실정이다. 이러한 위기 상황을 극복하려면 청소년, 가정, 학교와 지역사회가 함께 지혜를 모아야 할 것이다.

무균실에서 살면 자살할 이유도 없다

18세 영채는 자해를 시도해서 상담실에 오게 되었다. 이유는 '살맛이 안 나서'였다. 하고 싶은 것도 없고, 재밌는 것도 신나는 일도 없는 영채는 주변 사람과 주변 상황을 까맣게 물들이는 묘한 재주가 있는 아이다.

대화를 할 때에도 단답형으로만 대답하는 시크한 영채. 시크가 대세이긴 대세인가 보군. 상담실에서까지⋯⋯. 영채는 눈을 마주치기 위해 애를 쓰는 내게는 관심도 없다. 그냥 상담실 구석구석을 둘러본다. 눈을 굴리다가 가끔 마주쳐도 무미건조하게 바라본다.

영채는 거의 매일 나의 일방적인 관심 아래 상담실에서 시간을 보냈다. 50분이 흐른 뒤엔 본인이 주변에 둘러친 까만 장막을 '스윽~' 챙겨서 센터를 나선다. 어깨를 축 늘어뜨리고 다음 약속을 잡는 아이 모습에 내가 가해자가 된 것 같아 마음이 좋지 않았다.

이제 겨우 10여 년 살았을 뿐인데, 아이들은 왜 자살하고 싶어할까? 무엇이 그들을 죽고 싶게 만드는 걸까? 세상에 진심으로 죽고 싶은 사람이 있을까?

이 세상에서 진정 죽고 싶은 사람은 없을 것이다. 다만 죽게 만드는 환경이 존재할 뿐이다. 특히 청소년들에게는 그들만이 가지게 되는 독특한 특성과 더불어 가족의 해체, 학업 스트레스, 우울 및 소외감, 집단 따돌림 등 자살을 생각하고 시도하게 만드는 열악한 환경이 매우 다양하다. 하지만 이런 환경을 모두 없앨 수 있는 방법은 없다. 안타깝게도 우리는 진공상태의 무균실이 아닌 '복잡한 관계의 그물망' 안에서 살고 있으니까.

하지만 다행스럽게도 인간은 위기를 기회로 바꿀 수 있는 힘을 가지고 있다. 수많은 사람들이 자살충동을 느끼지만, 그들이 다 자살을 시도하는 것은 아니다. 역경을 딛고 더 잘 살아가는 사람들도 많다. 아무리 죽고 싶게 만드는 환경일지라도 살고자 하는 의지, 혹은 살아 있을 이유를 본인이 자각하도록 돕는다면 자살은 예방할 수 있다.

그래도 삶은 희망이다

2010년, 자살을 시도한 적이 있는 청소년들을 만나 인터뷰를 했다. 현재 그 아이들은 자신의 의지대로 잘 살아가고 있다. 무엇이 죽음의 문턱까지 갔던 그들을 살게 했을까? 자살을 시도하는 순간, '아니, 다시 살아봐야지!' 하고 마음먹게 만든 건 무엇이었을까?

연구 결과(안양시청소년지원센터, 2010)에 따르면, 청소년들에게 스트레스를 해소할 수 있도록 다양한 활동을 마련해주고, 자살이 해결책이 아니라는 것을 깨닫게 하는 것이 중요하다는 사실이 밝혀졌다. 일상생활에서 미리미리 자살에 대비하는 것이다. 또한 자신이 죽게 되면 슬퍼할 주위 사람들, 특히 남아 있을 가족의 모습을 상상해보는 것도 자살을 예방하는 좋은 방법 중 하나다. 자신이 이루고 싶었던 꿈, 죽음에 대한 두려움 등을 상상하게 하는 것도 예방에 도움이 된다.

부모의 이혼으로 졸지에 가장이 되어 가족을 돌봐야 하는 동수. 힘들지만 가족이 있어서 힘들 때에도 힘을 내게 되고, 그들을 책임지기 위해 자살 생각 같은 건 하지 않는다고 한다. 어린 나이에 가족이 부담스럽고, 자신의 짐이 너무 무거워서 오히려 죽고 싶지 않을지 걱정이 되었지만, 그는 잘 견디고 어른스럽게 살아가고 있다.

이러한 가족의 관계는 누군가를 죽고 싶게도, 살고 싶게도 만든다. 좀 더 건강한 가족관계라면, 혹은 좀 더 *끈끈한* 가족관계라면, 혹시 죽고 싶은 생각이 들더라도 가족을 생각해서 그런 생각을 떨쳐버리게 될 것이다.

집에 있는 약을 이용해 자살을 시도했던 재훈. 많은 양의 약을 한꺼번에 먹었지만 의식이 돌아와 쓰러져 있었다. 쓰러져 있는 재훈이를 발견한 할머니는 아이가 자살 시도를 했다는 것은 상상도 못하고 그저 어디가 아픈가 보다 생각하고 병원으로 옮겼다고 한다. 재훈이는 삼촌 차에 실려서 할머니의 무릎을 베고 병원으로 이동하던 도중, 차창 밖으로 보이는 푸른 나무들을 보고 살아 있음에 감사함을 느꼈다고 한다. 재훈이의 경우, 아이가 매우 힘이 있음을 느끼게 한다. 비록 자살을 시도했지만, 깨어났을 때 살아 있는 것에 감사함을 느끼고 스스로 후회했으니 말이다. 이런 힘이 있는 아이들은 누군가가 옆에서 조금만 더 돌봐준다면, 두 번 다시 자살 시도는 하지 않을 것이다.

자살이 아니라 "자! 살자!"

우리 모두에게는 본인을 통제할 힘이 있다. '자살'을 거꾸로 '살자!'로 바꿀 수 있는 힘이 내재되어 있다. 그러니 죽고 싶다는 생각이 들면, '이 상황이 힘든 것뿐이야!'라고, '원래 나는 누구보다 열심히 살고 싶은 사람이야!'라고 생각하라. 만일 잘 안 된다면 아무나 좋으니 본인의 마음을 솔직하게 털어놓으라. 만일 누군가로부터 이런 이야기를 듣는 사람이 있다면 아주 민감하게, 그리고 진정성 있게 그 사람의 이야기에 반응하라. "또 죽고 싶다는 얘기야? 이젠 지겹다 지겨워!"라고 하지 말고 그 순간만큼은 절대적인 관심을 보여주어야 한다.

성인이든 청소년이든 자살 관련 문제를 가진 내담자를 만나면 매우 조심스러워진다. 하지만 나는 늘 이렇게 묻는다. 그것도 아주 단호하게!

"혹시 죽고 싶었던 적이 있었나요?"
"지금 당신이 살아 있는데, 그 이유는 무엇인가요?"
"정말 죽고 싶은 걸까요?"

한 번쯤은 누구나 자살을 생각할 수 있다. 하지만 그것은 정말 죽고 싶은 게 아니라 '이 상황에서 벗어나고 싶다'는 간절한 마음의 다른 표현일 뿐이다.

영채도 자신이 살고 싶은 삶에 대해서 이야기했다. 하지만 실제로는 '현재 상황이 너무 힘들어서 차라리 죽는 게 낫다'고 생각하는 거지, 진짜 죽고 싶은 건 아니었다. 그런 상황만 아니면 사실은 열심히, 재미있게 살고 싶은 마음이었다!

to. 엄채야,

역시 네가 가지고 있는 힘은 참 대단하다.

이렇게 힘든 와중에도 힘내서, 살아보려고 상담 약속 시간에 맞춰

오는 걸 보면 말이야!

네가 살고 싶은 거라고 말하는 걸 보면, 정말 놀랍고 기특해.

자, 우리 힘내서 살아가자.

선생님은 네가 정말 자랑스럽다!

from. 햇살쌤

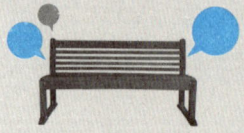

• 마음문 노크하기 •
아이의 마음 노크하기

청소년들이 자살 위기를 극복하고 있는 모습들이다.

사례 A

엄마가 여러 가지 일로 힘들어 한다. 나까지 엄마를 힘들게 하는 것 같다. 차라리 내가 죽으면 엄마가 덜 힘들지 않을까? 아니야, 더 힘들 거야.

사례 B

저도 잘하고 싶은 게 생겼어요. 그리고 조금 더 나아지고 싶은 마음 같은 것도 있고요. 이렇게 힘든 상황에 그런 마음이라도 있어서 다행이에요. 저한테는 그게 참 소중하거든요. 그 꿈을 생각하면서 자살에 대해 다시 생각하게 되었고. 이제 제가 조금씩 더 힘내고 열심히 하면 힘든 상황도 괜찮아질 거라고 믿어요!

사례 C

상담을 받고 나서, 고민이나 힘든 얘기를 들어줄 친구들이 많이 생겼어요. 아무래도 상담을 통해 제가 먼저 변해서 그런 것 같아요. 애들한테 먼저 다가갈 수 있게 되었거든요. 선생님들도 관심 가져주시니까 죽고 싶을 만큼 외롭지 않아요.

상담 선생님한테 힘들었던 일에 대해 얘기하면 선생님이 "많이 힘들었겠구나"라고 말해주셨어요. 그게 저를 생각해주는 것 같아서 참 좋았어요. 힘들었던 마음이 싹 풀어진 느낌이에요. 저도 사실 꿈이 있거든요. 언젠가는 꼭 이루고 싶은 꿈. 그래서 계속 도전하고 공부하고 싶어요. 그러려면 이룰 때까지 살아야겠다는 생각이 들었어요! 죽지 말고 살아야겠다는 마음이 생겼어요.

제가 자살을 시도했을 때는 여름이었어요. 여름방학 때. 자살에 실패하고 나서 차타고 병원가고 있는데, 창밖을 봤어요. 나무도 푸르고 하늘도 푸르고. 아주 멋지더라고요. 이런 풍경 보고 살면 행복하겠구나, 생각했어요. 조금 전까지는 닥치는 대로 비판하고 안 좋게 보기만 했는데. 마음먹기에 따라서 세상은 달라져요. 감사하는 마음을 가지면 모든 게 다 감사하더라고요. 살아있다는 것도. 자살에 대해 진지하게 상담을 한 뒤에 엄마랑도 얘기를 했어요. 처음에는 잘 들어주셨어요. 그렇게 얘기를 마치고 방에 들어가면 엄마는 항상 뒤에서 혼자 우시더라고요. 정말 죄송했어요. 엄마를 위해서라도 나는 죽으면 안 되겠다는 생각을 했어요.

사례 F

축구를 하다보면 모든 게 다 기억 안 나고, 그냥 즐거워요. 죽고 싶다는 생각도 다 없어지고 오로지 축구만 생각나거든요. 죽겠다는 생각을 하는 것보다는 일단 마음은 편하니까, 그런 비슷한 일들을 찾아봐야겠어요. 만약 그렇게 안 돼도, 노력을 해보는 것도 좋은 방법이라는 걸 깨달았어요.

사례 G

모든 청소년들이 힘들어도 참고 견뎌서 어른이 되었으면 좋겠어요. 그러면 할 수 있는 것도 많아지고, 선택의 폭도 넓어지니까 덜 힘들 것 같아요. 그리고 햇살쌤 같은 어른이 청소년들 주위에 많았으면 좋겠어요. 그러면 우리나라에 청소년 자살은 없어질 것 같아요. 왜냐면 자기 마음을 헤아려주고, 알아주고, 조언까지 해주면 '나도 할 수 있다'는 의지가 생기거든요.

출처 : 안양시청소년지원센터(2010). 청소년 자살예방을 위한 국제학술대회 자료집 중

자살경고사인(sign)

- 갖고 있던 물건을 다른 사람에게 준다.

- 유언장을 쓴다.

- 자살과 관련된 낙서, 글을 쓰는 행동을 보인다.

- 자살에 대해 말하거나 농담하는 일이 많아진다.

- 무력감과 절망감을 호소한다.

- 약을 모은다.

- '더 이상은 못 하겠어', '끝내버리고 싶어', '이제 모든 걸 끝낼 거야'와 같은 말을
  한다.

- 자살하려는 구체적인 계획을 갖고 있다.

- 잠을 잘 못 잔다.

- 잘 못 먹거나 아니면 마구 먹는다.

- 활력이 없거나 위축되어 있다.

출처 : 한국청소년상담원(2008). 청소년자살예방프로그램 〈높이 날아올라 세상기〉

이런 모습을 보이는 친구가 옆에 있는지 민감하게 주위를 둘러보세요. 만약 이런 친구가 있다면, 자살의 유혹에서 빠져나올 수 있도록 도와주세요. 밥을 먹자고, 밖에 나가서 산책을 하자고, 매점을 가자고, 함께 놀자고 권유해보세요. 전문 상담가에게 도움을 청하세요. 소중한 생명을 지키는 길입니다. 이 글을 읽고 있는 한 분 한 분이 충분히 할 수 있는 일입니다. 잊지 마세요!

자살에 관한 OX 퀴즈

자, 맞춰보세요.

1. 자살하려는 청소년들은 자신의 문제가 가장 심각하다고 생각한다.	O X
2. 자살하겠다고 얘기하는 청소년들은 실제로는 자살하지 않는다.	O X
3. 자살하거나 자살을 생각하고 있는 청소년들은 보통의 청소년들과는 다르다.	O X
4. 자살하는 청소년은 죽으려는 의지가 확고하다.	O X
5. 자살은 예방가능하다.	O X
6. 자살하려는 청소년들은 대부분 정신적 장애를 앓고 있다.	O X
7. 자살을 시도했던 청소년이 안정을 찾기 시작하면 안심해도 된다.	O X

8. 대부분의 자살한 청소년들은 주변 사람들에게 자신의 문제에 대해 도움을 요청한다.	O	X
9. 자살은 유전된다.	O	X
10. 자살을 생각하고 있는 청소년에게 관심을 기울여주면 자살예방에 도움이 된다.	O	X

정답을 살펴봅시다!

1. O 어떤 사람에게는 사소한 일이 다른 사람에게는 죽고 싶은 생각이 들 만큼 끔찍하게 느껴질 수 있답니다.

2. X 자살생각이나 자살시도는 도움을 찾으려는 외침이다. 청소년이 도움을 요청하는데 반응하지 않는다면 비극적인 결과로 끝날 수 있다.

3. X 자살은 누구나 할 수 있으며, 자살자들이 어떻다는 일반적인 특성은 없다. 단지, 자살위험이 좀 더 높은 집단이 있을 뿐이다.

4. X 대부분의 자살하는 청소년들은 삶이나 죽음을 스스로 결정하지 않는다. 자살위험을 무사히 넘기면 건강하게 살 수 있다. 따라서 그 위기를 잘 넘길 수 있도록 주위에서 보호하고 도와주는 것이 매우 중요하다.

5. O 청소년들이 평소에 신체와 정신이 건강할 수 있도록 관리하고 주변에서 관심을 갖는다면 위기 상황에서도 충분히 대처할 수 있다.

6. X 자살을 한 사람들 중 일부는 정신질환을 갖고 있는 것으로 나타났다. 그러나 자

살하려는 행동이 단지 정신질환 때문에 생겨난 것은 아니다.

7. X 자살하려던 사람이 안정을 찾기 시작하면 주변 사람들은 안심한다. 그러나 자살하려던 사람은 문제와 두려움에서 완전히 벗어난 것이 아니므로 또 다시 자살시도를 할 수 있다. 기분이 좋아진 것으로 인해 자살시도를 할 에너지가 생길 수 있기 때문에 기분이 나아지기 시작할 때 더 관심을 가져야 한다.

8. O 자살한 청소년들이 학교 친구들에게 자살 생각과 계획을 이야기한다는 조사 결과가 있다. 청소년들은 다른 사람에게 자신의 상황을 언어적으로 표현하기보다 비언어적인 몸짓으로 신호를 보내어 도움을 요청하는 경향이 있다.

9. X 가족 중에 누군가 자살로 죽었다면 유족들의 자살 위험성은 높다고 할 수 있다. 그렇다고 해서 자살이 유전되는 것은 아니다.

10. O 자살하려는 청소년들은 처음에는 방어적이고 도움을 거부하지만 사람들이 자신에게 관심을 갖고 도움을 줄 준비가 되어 있는지 알아보기를 원한다. 대다수의 청소년들은 자신이 겪고 있는 심한 정서적인 고통이 끝나기를 바라는 것이지, 죽기를 원하지 않는다. 진심으로 자신에 대해 관심을 갖고 정서적으로 고통을 나누려 한다면 나중에 이것을 고맙게 생각할 것이다.

출처 : 한국청소년상담원(2008). 청소년자살예방프로그램 〈높이 날아 올라 새롭게〉

이렇게

살다 말겠죠

누군가에게 의지할 기회도 없고, 바깥에서 받은 상처를 어루만져 줄 사람도 없다. 이처럼 혼자 지내는 시간이 많은 사람들, 누군가와 '나눈다'는 것을 경험하지 못한 사람들은 대인관계가 어렵다. 막상 이야기를 들어줄 누군가가 생겨도 자신을 솔직하게 보여주지 않는다. 관계에 대한 믿음을 이미 상실한 탓이다. 청소년기에 이런 상황을 겪게 되면 대개 '무기력증'이 심해진다. 화산재로 뒤덮인 숲처럼 숨을 쉬지 못하게 된다.

│ 무기력은 학습된다

가족이나 또래 친구들과 잘 지내고 싶은 생각이 아예 없는 사람처럼 무기력한 모습의 수영이. 수영이의 모습은 '무기력' 그 자체다.

231

18세 수영이는 신경정신과에서 상담을 받고 거의 1년이 되도록 약을 복용하며 우울증 치료를 받고 있다. 어릴 때 엄마와 아빠가 이혼해서 지금까지 엄마랑 살고 있다. 엄마를 못마땅하게 생각하고, 엄마에 대해서는 거의 신경도 안 쓰며 살고 있다.

"수영아, 넌 행복하게 살 수 있는 아이야. 앞으로 나랑 같이 생각해보자. 수영이가 행복하게 살 수 있는 방법을……."

그랬더니 수영이의 반응은 시큰둥했다.

"전 행복하게 살고 싶지 않아요. 그냥……. 이렇게 살다 말겠죠."

"지금 이 상황이 네가 원하는 삶이야? 이런 상황이 가장 힘든 것도, 싫은 것도 네 자신일 텐데?"

수영이는 말없이 고개만 끄덕였다.

코끼리 한 마리를 도망가지 못하게 묶어두었다. 처음에는 한쪽 발에 묶인 쇠사슬 때문에 살이 떨어져 나가는 것도 상관하지 않고 도망치려고 몸부림쳤다. 코끼리는 그렇게 애를 쓰다가 도망갈 수 없다는 것을 깨닫게 된 순간, 포기하고 말았다.

코끼리는 그 후로 안정된 우리와 지속적으로 제공되는 먹이에 순응해서 살아가게 되었다. 발에 묶인 쇠사슬을 풀어주어도 더 이상 도망가려는 시도조차 하지 않게 되었다.

누군가 코끼리를 구해내기 위해 엉덩이를 때리고, 앞에서 끌어도 꿈

쩍도 하지 않았다.

심리학자 Seligman의 학습된 무기력의 예

| 생각 바꾸기가 먼저다

수영이는 처음부터 이런 아이가 아니었다. 남들과 똑같이 행복하게 살고 싶어 하고, 축 쳐진 모습은 거의 볼 수 없는 밝은 아이였다. 그랬었기에 이렇게 힘든 상황에서도 삶을 포기하지 않고 끝까지 버틸 힘이 있는 것이다. 하지만 정작 수영이는 자신의 힘을 모르고 있다. 그저 묶여 있는 코끼리처럼 무기력하게 살아가고 있다.

수영이에게 "만약 네가 이 코끼리라면 어떻게 할 거니?"라고 물었더니 "그동안 이렇게 살아와서 저도 못 바꿀 것 같아요."라며 숨을 꾹 참고 운다. 그동안 살아 온 것을 한 번에 바꾸라는 것도, 그냥 이대로 살라는 것도 아니다. 사실 그건 별로 중요하지 않다. 중요한 것은 수영이의 생각을 바꾸는 것이다. 매사 무기력하고 시큰둥한 수영이의 태도만 바뀌더라도 엄청난 발전을 이룬 셈이다.

"혹시 그 생각을 바꿀 방법이 있을지 생각해 보자."
"네……. 선생님이 도와주세요."

수영이가 삶에 대한 태도와 생각을 바꾸겠다고 다짐한 순간, 이미 반은 성공한 것이다. 가슴이 벅찼다. 수영이가 다시 행복해지는 길 위에 서게 되었으니 말이다. 그것만으로도 충분하다.

수영아,

코끼리도 굉장히 많이 생각했을 거야.

야생에 나가게 되면 그동안 잊고 있었던 걸 다시 배워야 하는 고통이 따를 수 있단다. 추운 데서 자야 될 수도 있고, 먹이를 자기가 해결해야 하고, 위험에 노출이 될 수도 있지. 중요한 건 코끼리가 자신이 있을 곳을 결정했는지, 아니면 무기력하게 포기해 버렸는지에 대한 거야. 코끼리는 자신에게 가장 좋은 방법을 선택한 걸까? 아니면 발이 쇠사슬로 묶여 있어서 아무것도 할 수 없다고 포기한 걸까?

수영이는 부디 스스로 '선택'하기 바란다.

네 스스로 '난 여기에 이렇게 있을 거야. 생각이 바뀌면 난 어디든 갈 수 있어'라고 말이야!

from. 햇살쌤

235

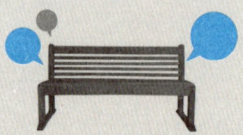

상황 1.

당신이 조용히 쉬고 있는데 전화벨이 울립니다. 당신은 어떻게 하시겠습니까?

(읽어 내려가면서 질문에 답하세요)

- 전화를 받는다. ········
- 전화를 받지 않는다. ········

전화를 받았다면 왜 받았습니까?

- 전화가 왔으니까. ········
- 누가, 무슨 용무로 전화를 했는지 알고 싶고 그 사람과 관계하고 싶어서. ········

전화가 왔으니까 받으셨다면 당신은 언제나 어느 때나, 어느 상황에서나 전화벨이

울리면 받습니까?

- 어느 상황에서든 받는다. ········
- 상황에 따라 다르다. ········

상황에 따라 다르다면 다시 묻겠습니다. 전화를 받았다면 왜 받았습니까?

- 전화가 왔으니까.

- 누가, 무슨 용무로 전화를 했는지 알고 싶고 그 사람과 관계하고 싶어서

그렇다면 당신은 전화가 왔으니까(자극) 전화를 받는 것(반응)이 아니라 그 전화를
건 사람이 누구인지, 무슨 용무인지 궁금함을 풀기 위해서, 또 그와 관계하기 위해서
전화 받는 행동을 선택한 것이라는 사실에 동의하십니까?

- 동의한다.

- 동의하지 못한다.

동의하지 못한다면 어떤 면이 그러한지 같이 이야기를 나누어 봅시다.

상황 2.

당신이 길을 걷다가 횡단보도에 도착했는데 횡단보도 신호등에 빨간 신호등(정지신호)이 들어왔습니다. 어떻게 하시겠습니까?

· 멈춘다.   ------

· 그냥 건넌다.   ------

멈춘다면 왜 멈추셨습니까?

· 빨간 신호등이니까 (빨간 신호는 약속이니까).   ------

· 생명의 위협을 느낄 수 있기 때문에.   ------

빨간 신호등이기 때문에 멈추었다면 교통 신호를 어긴 적은 한 번도 없습니까? 약속이기 때문에 지켰다면 약속을 어긴 적이 한 번도 없습니까?

· 있다.   ------

· 없다.   ------

그렇다면 다시 묻겠습니다. 빨간 신호등을 보고 멈춘 것은 그것이 빨간 신호(자극)가 켜졌기 때문에 멈춘 것(반응)입니까? 아니면 생명의 위협을 느낀 당신이 멈추어 있기로 스스로 선택한 것이라는 것에 동의하십니까?

- 동의한다.   ------
- 동의하지 못한다.   ------

동의하지 못한다면 어떤 면이 그러한지 같이 이야기를 나누어 봅시다.

(출처 : 현실치료 기초과정 자료집 중)

어느 것 하나 내 선택이 아닌 것이 없습니다.

그러므로 우리는 자신의 선택을 믿어야 합니다.

모든 사람들이

나만 봐줬으면 좋겠어!

애띤 얼굴에 진한 화장, 짧은 미니스커트를 입고 명품 가방을 들고 상담실에 들어온 진아. 사촌언니의 주민등록증을 위조해서 담배도 사고, 술집에도 출입하는 중학교 2학년 여학생이다. 남자친구를 밥 먹듯이 갈아 치우고, 엄마 카드로 무엇이든 마음껏 사고, 여자친구보다 남자친구가 더 많은 진아를 병원에서는 '히스테리성 성격장애'라고 진단했다. 타인의 관심과 애정을 먹고 살고, 주변 사람들의 사랑을 받아야만 존재 가치를 인정하는 아이라는 것이다.

| 누구나 사랑받고 싶다

자아가 강하지 못해서 사람들의 관심을 받기 위한 방법으로 자신을 치장하고, 남들에게 예뻐 보이는 것만으로도 기분이 좋아지는 게

히스테리성 성격장애의 전형적인 모습이다. 이런 유형의 사람들은 대개 타인과의 관계를 매우 피상적으로, 그리고 일방적으로 맺는다. 진아는 학교에서 벌점을 지나치게 많이 받아 학교로부터 전학을 권고 받았다. 결국 다른 지역으로 전학을 가게 되어서 나와 상담 시간을 충분히 갖지 못했다.

진아 뿐만이 아니라 타인에게 예쁘게 보이고 싶고, 관심 받고 싶고, 눈길을 끌고 싶은 마음은 누구에게나 있지 않을까? 누군가에게 매력적인 사람이 되고 싶은 마음은 누구나 가지고 있을 것이다. 꼭 심리적인 병명을 붙일 정도가 아니더라도!

진아는 상담실에 올 때마다 자신의 상태에 따라 기분이 매우 달랐다. 어떤 날은 화창했다가, 다음 날은 우중충해서 상담시간 내내 울기만 하는 날도 있었다. 가끔 번개 치듯 누군가에 대해 화를 쏟아내고 가는 날도 있었다. 그러한 날들이 수 없이 반복이 되니, 오히려 일반 학교보다는 자연과 함께 조금은 여유롭게 지내다 보면 괜찮아지지 않을까라는 생각이 들 정도였다. 나는 내심 진아가 시골로 내려간다는 게 반가웠다.

상담을 마치지 못한 지금, 진아에 대해 다시 생각한다. 진아가 상담에서 얻을 수 있었던 것은 무엇이었을까? 지금까지와는 다르게 안정

된 상황에서 새로운 대인관계에 대해 생각해보고, 피상적인 관계가
아닌 진실한 관계를 맺을 수 있도록 함께 고민해보고 싶었는데…….
그러한 역할을 충분히 하지 못한 것 같아 아쉬움이 많이 남았다.

| 자녀를 온몸으로 사랑해야 상처가 남지 않는다

진아가 어렸을 때부터 맞벌이를 해왔던 부모님은 진아의 오빠도
충분히 돌보지 못한 것 같았다. 진아의 오빠는 현재 우울증으로 병원
에 입원하여 치료를 받고 있을 만큼 심각한 상태다. 진아의 엄마 역
시 진아와 함께 병원에 다니면서 우울증 약을 복용하고 있었다. 비교
적 심각하게 정서적으로 안정되지 못한 가정의 모습이다.

우선은 오빠가 병원에 입원 중이니 당연히 모든 식구들의 관심은
오빠에게로 쏠렸고, 진아는 뒷전일 수밖에 없었다. 엄마는 진아가 어
떤 친구를 만나는지, 요즘 무엇에 관심이 있는지 챙기지 못했고, 그
저 명랑하게 지내주기만을 바랐다고 한다. 미안한 마음에 진아가 하
고 싶다는 대로 다 해주는 편이었는데, 그 중 대표적인 예가 물질적
인 풍요를 제공한 것이다.

진아가 얼마나 자주 남자친구를 바꾸는지, 왜 학원을 그렇게 자주
옮기는지, 친구들과의 관계가 어떤지를 가정에서 조금만 관심 있게
지켜봐주었더라면 얼마나 좋았을지 아쉬움이 남았다. 만약 그랬다면
진아가 그렇게 왕따를 당해서 힘들어하지도, 그럴 때마다 이 무리에

서 저 무리로 떠돌면서 상처받는 일도 없지 않았을까? 그러나 진아의 부모님은 상담을 신청했으면서도 그들이 꾸준히 고수해왔던 양육 방식을 바꾸려하지 않았다.

진아는 예쁘게 꾸미고 다니면 사람들로부터 관심을 받게 된다는 사실을 알고부터 비싼 명품 가방, 짙은 화장 등에 더욱 집착했다. 그리고 그로인한 관심이 오래 가지 않는다는 사실을 깨달을수록 자신을 치장하는 데 더 많은 에너지를 쏟았다. 하지만 그들의 관심은 순간일 뿐, 진아는 자신을 꾸미면 꾸밀수록 점점 외로워지는 것을 느꼈다. 결국 자기 나름대로 상처를 피하는 방법으로 피상적인 관계를 택한 것이다.

다른 사람들의 시선 하나로 인해 즐거워하고, 외로워하지 않으려면 먼저 자아를 강하게 만드는 게 최우선이다. 그렇게 되면 다른 사람들의 시선 하나에 휘둘리지 않고 씩씩하게 살아갈 수 있다. 더 외로워질까봐 자신의 껍질 안에서 나오지 못하는 진아의 모습은 애정결핍이 초래한 결과이다.

나는 진아에게 있는 그대로도 충분히 예쁘고, 자연스럽게 살아도 충분히 관심 받을 수 있는 아이라는 것을 알려주고 싶었다. 그리고 남들의 시선 때문에 외로움을 느끼는 진아가, 한번쯤은 철저하게 혼

자가 되어봤으면 좋겠다. 자기 내면의 자아가 튼튼하게 자리 잡고 있
다면, 혼자 있어도 외롭지 않을 것이다.

진아야,

좀 더 외로워보는 건 어떻겠니?

천천하게 혼자 남아서 지내는 기분을 느껴봤으면 좋겠구나.

대신 너무 외롭지 않게 선생님이 옆에 있어줄게.

우선 진아가 화장을 하지 않아도, 명품을 걸치지 않아도 관심을 가

져줄 선생님한테만 자리를 내어주길 바래. 그렇게 조용히 진아 네

안의 자아를 분명하게 찾아보는 시간을 갖자.

다른 사람들은 그런 후에 들여보내줘도 늦지 않는단다!

from. 햇살쌤

인간관계

진정한 나를 알고 싶지 않으세요.

한 번 내 마음을 털어 놓고 싶어요.

더 이상 내게 속지 마세요.

내가 쓰고 있는 가면 때문에 말이에요.

나는 벗기 두려운 가면을 쓰고 있어요.

참된 나란 존재는 찾아보기 힘들어요.

내가 행복하고 평화스럽게만 보이죠?

겉과 속이 흔들리지 않는 것처럼 보이죠? 실은 그렇지 않아요.

나는 어두운 암흑 속에서 생활하는 시간이 더 많지요.

겉보기에 매끈하고 평온하며 자신만만해 보이는 태도 속에는

만족도 참 평화도 없어요.

껍데기 속에 가려진 진짜 나는 혼란, 공포, 외로움을 겪고 있어요.

그러나 난 이것을 애써 감추곤 하지요.

아무에게도 알려주고 싶지 않기 때문이에요.

나의 허약함이 누구에게 드러날 거라고 생각하면 나는 겁이 나요.

그렇기 때문에 어쩔 수 없이 나는 이 마음을 숨기기 위해 가면을 만들어야 했지요.

나는 그 가면 뒤에 숨어 있어요.

(출처 : 유동수(2005). 감수성 훈련 – 진정한 나를 찾아서 중)

살다 보면

우울할 수도 있어!

요즘 사람들은 '우울증'이란 단어 때문에 더 우울해지는 것 같다. 현대 사회의 구조상 누구나 한번쯤은 우울감을 느낄 수 있다. 그런데 대다수 사람들이 그것을 잘 구분하지 못하고 무조건 '우울증'이라고 결론을 내려버린다. 금방 떨쳐낼 수 있는 우울감을 극복하지 못하고 점점 진짜 우울증 환자가 되어 간다. 그래서 누구나 "나 좀 우울해." 하고 말하는 순간 우울증에 걸린 사람이 된다.

| 우울감과 우울증은 다르다

너도 나도 우울하다고 말한다. 조금만 기분이 처지면 너나 할 것 없이 "나 요새 우울증인가 봐!"를 입에 달고 다닌다. 갈수록 살기 힘들어지는 세상이니 그럴 만도 하다. 하지만 그저 기분이 좀 나쁘고,

자신감이 떨어졌을 뿐인데도 병원에서 처방해준 약에 의지하는 사람들이 많다. '난 우울증 환자야. 그러니까 모두 나를 특별하게 대우해주기 바래'하는 태도로 생활하는 사람이 점점 늘고 있다. 참으로 곤란한 현상이다.

상담실에 오는 자칭 '우울증 환자'들에게 나는 일부러 이렇게 묻는다. "정말 우울증이라고 생각하나요? 단순히 우울한 기분인 건 아닐까요? 우울증 환자라고 자신을 포장해서 얻는 게 무엇인가요?" 그러면 "우울증 걸려서 힘들어 죽겠는 사람한테 얻게 되는 게 뭐냐고? 왜 병을 병이 아닌 것처럼 이야기하죠?"라면서 따지는 사람도 있다.

어떤 가정주부가 우울증이라는 진단을 받았다. 매일 기분이 처지고, 왜 사나 싶고, 재미있는 일이 하나도 없고, 만사가 다 귀찮고, 기분 조절이 안돼서 시도 때도 없이 눈물이 난다. 초반에는 그 기분에 압도되어 마냥 힘들 수 있다. 본인이 그렇게 힘든데도 거기서 빠져나올 생각은커녕 점점 더 깊은 늪에 빠진다. 병원에 가서 상담을 받고, 약도 먹어봤지만 아무런 소용이 없다. 그녀는 점점 더 이 세상에서 자기가 가장 괴로운 사람이라고 생각한다. 하지만 생각을 조금만 바꿔보자. 우울감에 사로잡히거나 우울증에 빠져서 얻을 게 뭐가 있을까?

얼마 전 아버지가 돌아가신 충격으로 정신과에서 상담을 받은 현정이는 약을 복용해야할 정도는 아니라는 진단에 따라 상담센터에 오게 되었다. 현정이는 매일같이 울고, 학교에서 조퇴도 자주 하고, 집에 와서도 아무 것도 하지 않으면서 지낸다고 했다. 심지어 학교를 그만 두고 싶어서 고민 중이란다. 현정이 엄마는 아이가 조퇴를 하거나, 집에서 아무 일도 하지 않고 컴퓨터만 하거나, 동생도 있는데 자기만 봐달라고 보채더라도 보듬어주고 다독여주었다. 엄마도 남편의 죽음으로 상처가 클 텐데 힘들어하는 현정이를 더 걱정한 것이다.

현정이가 상담센터에 온 뒤, 아버지의 죽음에 대해 충분히 애도하게 하고, 아버지의 죽음에 대해 잘못 기억하고 있는 것들도 바로 잡아주었지만, 현정이는 아버지의 죽음으로 받은 충격에서 벗어나고 싶어 하지 않았다. 스스로 자신의 감정이 차츰 정리되는 것 같다고 했지만, 무의식중에 그 슬픔 안에 계속 있고 싶은 것처럼 행동했다. 본인이 가장 괴로울 텐데도! 현정이가 그렇게 괴로워하면서도 슬픔에서 벗어나려 하지 않는 이유는 무엇일까? 계속 그렇게 산다고 좋은 점이 있을까?

우울증을 방패로 쓰지 마라

현정이도, 앞서 언급한 가정주부도 자신이 우울증이라고 생각하는 동시에 얻는 것이 있다. 둘 다 자신의 역할을 제대로 하지 않더라도 용서받을 수 있다는 점이다. 냉정하게 말해, 우울증이라는 방패막이가 생기는 것이다. 투정을 부리고, 무기력한 생활을 하고, 자신의 의무를 다 하지 않는 등 모든 행동이 정당화되고, 누군가 자신을 비난하더라도 우울증이라는 방패 뒤에 숨어버리면 그만이다.

사람들과의 관계 속에서 생기는 이러한 문제보다, 자신의 문제가 더 심각하다. 타인의 비난을 피하기 위해 우울증을 방패로 삼는 것보다, 자신을 속이는 수단이 될 수 있기 때문이다. 본인의 망가진 생활이나, 잘못을 알면서도 모르는 척, 깨닫지 않으려 애쓰고 '우울증'이라는 것으로 위안을 삼아버리면 건강한 상태를 회복하기 훨씬 더 힘들어진다.

'우울증'이라는 것이 누군가의 방패가 되지 않았으면 좋겠다. 누구나 우울하다고 생각해보면 어떨까? 사람이라면 누구나 우울함을 느낄 수 있고, 그 감정이 내게 찾아온 거라고. 우울해하는 사람들이 모두 우울증 환자가 아니듯이, 나도 이 우울한 기분에서 벗어날 수 있다고 생각하자. 내가 우울한 기분이 된 이유를 직시하자. "괜히 우울해!"라고 말하는 것은 "우울증은 내 방패입니다."라고 말하는 것과 같다.

우울한 데에는 분명 이유가 있다. 현정이는 아버지가 돌아가셨기 때문에 우울하다. 앞서 말한 주부는 갱년기라서 그렇다. 또 가족을 잃거나, 심각한 병에 걸리면 우울한 감정이 증폭될 수 있다. 하지만 우울하다고 해서 모두 우울증 환자가 될 필요는 없다.

"아, 내가 사랑하는 사람을 더 이상 볼 수 없기 때문에 우울하구나……. 아, 내게 신체적인 변화가 와서 우울하구나……. 이번 달에 열심히 공부했는데도 성적이 안 올라서 우울하다……. 내가 암에 걸리다니, 나에게 이런 일이 벌어지다니! 하지만 내가 우울한 기분에 빠져서 허우적댄다고 바뀌는 건 아무 것도 없지 않은가? 씩씩하게 이겨내자."

자신이 우울한 이유를 정확히 알면 벗어나기도 한결 수월해진다.

to. 현정아,

살다 보면 우울할 수도 있단다. 그건 병이 아니란다.

우울증이 아니라 그저 우울한 기분에 사로잡혔을 뿐이라고 생각해

보자꾸나. 누구나 우울할 수 있지만, 우울한 사람 모두가 우울증 환

자가 되는 건 아니야.

정말 우울증 환자가 되기 전에 네 힘으로 빠져나와야 한단다.

조금만 더 힘을 내서 빠져나오길 바래.

from. 햇살쌤

253

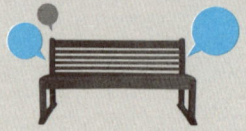

다음은 여러분이 일상생활에서 경험할 수 있는 내용들로 구성되어 있습니다. 각 내용은 모두 네 개의 문장으로 되어 있는데, 이 네 개의 문장들을 잘 읽어보시고, 그 중 요즈음(오늘을 포함하여 지난 일주일 동안)의 자신을 가장 잘 나타낸다고 생각되는 하나의 문장을 선택하여 그 번호를 ＿＿＿ 안에 기입하여 주십시오.

＿＿ 1. ◎ 나는 슬프지 않다.

   ① 나는 슬프다.

   ② 나는 항상 슬프고 기운을 낼 수 없다.

   ③ 나는 너무나 슬프고 불행해서 도저히 견딜 수 없다.

＿＿ 2. ◎ 나는 앞날에 대해서 별로 낙심하지 않는다.

   ① 나는 앞날에 대해서 용기가 나지 않는다.

   ② 나는 앞날에 대해 기대할 것이 아무 것도 없다고 느낀다.

   ③ 나의 앞날은 아주 절망적이고 나아질 가망이 없다고 느낀다.

3. ◎ 나는 실패자라고 느끼지 않는다.

   ① 나는 보통 사람들보다 더 많이 실패한 것 같다.

   ② 내가 살아온 과거를 되돌아보면, 실패투성이인 것 같다.

   ③ 나는 인간으로서 완전한 실패자인 것 같다.

4. ◎ 나는 전과 같이 일상생활에 만족하고 있다.

   ① 나의 일상생활은 예전처럼 즐겁지 않다.

   ② 나는 요즘에는 어떤 것에서도 별로 만족을 얻지 못한다.

   ③ 나는 모든 것이 다 불만스럽고 싫증난다.

5. ◎ 나는 특별히 죄책감을 느끼지 않는다.

   ① 나는 죄책감을 느낄 때가 많다.

   ② 나는 죄책감을 느낄 때가 아주 많다.

   ③ 나는 항상 죄책감에 시달리고 있다.

6. ◎ 나는 벌을 받고 있다고 느끼지 않는다.

   ① 나는 어쩌면 벌을 받을지도 모른다는 느낌이 든다.

   ② 나는 벌을 받을 것 같다.

   ③ 나는 지금 벌을 받고 있다고 느낀다.

7. ◎ 나는 나 자신에게 실망하지 않는다.

   ① 나는 나 자신에게 실망하고 있다.

   ② 나는 나 자신에게 화가 난다.

   ③ 나는 나 자신을 증오한다.

8. ◎ 내가 다른 사람보다 못한 것 같지는 않다.

   ① 나는 나의 약점이나 실수에 대해서 나 자신을 탓하는 편이다.

   ② 내가 한 일이 잘못되었을 때는 언제나 나를 탓한다.

   ③ 일어나는 모든 나쁜 일들은 다 내 탓이다.

9. ◎ 나는 자살 같은 것은 생각하지 않는다.

   ① 나는 자살할 생각은 가끔 하지만, 실제로 하지는 않을 것이다.

   ② 나는 자살하고 싶은 생각이 자주 든다.

   ③ 나는 기회만 있으면 자살하겠다.

10. ◎ 나는 평소보다 더 울지는 않는다.

　① 나는 전보다 더 많이 운다.

　② 나는 요즈음 항상 운다.

　③ 나는 전에는 울고 싶을 때 울 수 있었지만, 요즈음은 울래야 울 기력조차 없다.

11. ◎ 나는 요즈음 평소보다 더 짜증을 내는 편은 아니다.

　① 나는 전보다 더 쉽게 짜증이 나고 귀찮아진다.

　② 나는 요즈음 항상 짜증스럽다.

　③ 전에는 짜증스럽던 일에 요즘은 너무 지쳐서 짜증조차 나지 않는다.

12. ◎ 나는 다른 사람들에 대한 관심을 잃지 않고 있다.

　① 나는 전보다 다른 사람들에 대한 관심이 줄었다.

　② 나는 다른 사람들에게 대한 관심이 거의 없어졌다.

　③ 나는 다른 사람들에 관심이 완전히 없어졌다.

13. ◎ 나는 평소처럼 결정을 잘 내린다.

　① 나는 결정을 미루는 때가 전보다 더 많다.

　② 나는 전에 비해 결정 내리는 데에 더 큰 어려움을 느낀다.

　③ 나는 더 이상 아무 결정도 내릴 수가 없다.

14. ◎ 나는 전보다 내 모습이 더 나빠졌다고 느끼지 않는다.

   ① 나는 나이 들어 보이거나 매력없이 보일까봐 걱정한다.

   ② 나는 내 모습이 매력없게 변해버린 것 같은 느낌이 든다.

   ③ 나는 내가 추하게 보인다고 믿는다.

15. ◎ 나는 전처럼 일을 할 수 있다.

   ① 어떤 일을 시작하는 데에 전보다 더 많은 노력이 든다.

   ② 무슨 일이든 하려면 나 자신을 매우 심하게 채찍질해야만 한다.

   ③ 나는 전혀 아무 일도 할 수가 없다.

16. ◎ 나는 평소처럼 잠을 잘 수 있다.

   ① 나는 전만큼 잠을 자지는 못한다.

   ② 나는 전보다 한 두 시간 일찍 깨고 다시 잠들기 어렵다.

   ③ 나는 평소보다 몇 시간이나 일찍 깨고, 한번 깨면 다시 잠들 수 없다.

17. ◎ 나는 평소보다 더 피곤하지는 않다.

   ① 나는 전보다 더 쉽게 피곤해진다.

   ② 나는 무엇을 해도 피곤해진다.

   ③ 나는 너무나 피곤해서 아무 일도 할 수 없다.

18. ◎ 내 식욕은 평소와 다름없다.

① 나는 요즈음 전보다 식욕이 좋지 않다.

② 나는 요즈음 식욕이 많이 떨어졌다.

③ 요즈음에는 전혀 식욕이 없다.

19. ◎ 요즈음 체중이 별로 줄지 않는다.

① 전보다 몸무게가 2Kg 가량 줄었다.

② 전보다 몸무게가 5Kg 가량 줄었다.

③ 전보다 몸무게가 7Kg 가량 줄었다.

나는 현재 음식 조절로
체중을 줄이고 있는 중이다.
예   아니오

20. ◎ 나는 건강에 대해 전보다 더 염려하고 있지는 않다.

① 나는 여러 가지 통증, 소화불량, 변비 등과 같은 신체적인 문제로 걱정하고 있다.

② 나는 건강이 매우 염려되어 다른 일은 생각하기 힘들다.

③ 나는 건강이 너무 염려되어 다른 일은 아무 것도 생각할 수 없다.

21. ◎ 나는 요즈음 성Sex에 대한 관심에 별다른 변화가 있는 것 같지는 않다.

① 나는 전보다 성Sex에 대한 관심이 줄었다.

② 나는 전보다 성Sex에 대한 관심이 상당히 줄었다.

③ 나는 성Sex에 대한 관심을 완전히 잃었다.

BDI(Beck Depression Inventory)

Aaron T. Beck (1921.07.18~, 미국의 권위 있는 정신의학 박사이다)의 BDI는 '자가 우울증 측정 테스트'이다. 우울증상의 심각도를 평가하기 위한 목적으로 창안되어 지금까지도 널리 이용되고 있다. 우울증의 인지적, 정서적, 동기적, 신체적 증상 영역을 포함하는 21문항으로, 각 문항마다 0~3점으로 채점되며 총점이 높을수록 우울 정도가 심함을 나타낸다.

> 0~9점은 우울하지 않은 상태
> 10~15점은 가벼울 우울상태
> 16~23점은 중간정도의 우울상태
> 24~63점은 심한 우울상태

출처 : 박근영(2006), 주요우울장애 여성 환자에 대한 대인관계 심리치료(IPT) 효과.

고려대학교 대학원 심리학과 박사학위논문

내가 우울증인지 아닌지를 살피는 것보다 중요한 점은 우울의 원인을 찾는 것이다. 검사 후 심각한 우울상태에 놓여 있다면 원인을 찾아보고, 혼자 찾기 힘들다면 전문의나 상담가에게 도움을 요청하기 바란다.

게임 세상에서

살고 싶다

"게임 세상에서 살고 싶어요."

중학교 1학년인 진수가 상담센터에 와서 가장 처음 한 말이다. 이유를 묻자 게임 세상은 조용하고 평화로우며, 자기 마음대로 할 수 있기 때문이란다. 지금 진수가 살고 있는 세상이 얼마나 시끄럽고 마음대로 안되면 가상의 세상에서 살고 싶어할까? 안쓰러운 마음이 드는 한편, 어떻게 하면 진수의 두 발을 현실에 붙이게 할까를 고민하게 되었다.

아, 모든 게 내 마음대로 될 수 있다면

군이 심각하게 생각하지 않아도 되고, 내 마음대로 휘젓고 표현할 수 있는 세상. 내가 주체가 되어 마음에 드는 모습으로 꾸밀 수 있는

261

세상. 이것이 진수가 살고 싶어 하는 게임 세상이다.

"나도 진수가 말하는 게임 세상에서 살고 싶다."

이 말을 들은 진수가 재미있다는 듯이 웃었다.

요즘 청소년들에게 일어나고 있는 심각한 문제들 중 하나가 바로 인터넷 게임 중독이다. 가끔 동료들의 자녀를 보면 천진난만하게 포털사이트의 게임을 하고 싶어 한다. 게임을 열심히 하다 보면 포인트를 모으게 되고, 그 포인트로 자신의 농장을 꾸미거나 자신의 아바타에 예쁜 옷을 사서 입힐 수도 있다. 포인트 모으는 재미는 말로 형용할 수 없을 정도로 아이들에게 흥미로운 활동이다.

어느 정도 포인트를 모으다 보면 점점 시시해지기 시작하면서 다른 게임을 찾게 된다. 다음 단계의 게임이 바로 요술이나 무기로 요괴를 무찌르는 게임이다. 이렇게 게임에 재미를 붙이게 되고, 나이가 들수록 더욱 자극적인 게임을 찾게 된다. 온라인 게임이 발달한 요즘, 온라인 게임 속에서 동료를 만나고, 현실에서는 상상할 수조차 없을 자신만의 세계와 힘을 구축하게 된다.

아이들이라서 게임에 미치고 중독되는 게 아니다. 앞서 언급한 단계를 거치고 거쳐서 중독자가 되는 것이다. 이렇게 되면 중독을 넘어서 현실과 게임 세상을 구분하지 못하고 범죄를 저지르는 일도 생긴다.

게임 중독에서 벗어나려면 어떻게 해야 할까? 우선 부모부터 아이가 하는 게임에 관심을 가져야 한다. 어떤 게임을 하는지, 몇 시간 동안이나 컴퓨터 앞에 앉아 있는지, 도대체 왜 게임을 하는지에 대해 알지 못하면 아이가 게임에 중독되는 것도 눈치 채지 못할 확률이 높다.

　인터넷 중독 강의를 들을 때 강사가 이런 말을 했다

　"아이들이 밤늦게 돌아다니면 부모들은 걱정하고 얼른 들어오라고 닦달을 하면서, 왜 아이들이 컴퓨터 앞에 앉아 있는 데엔 그렇게 무덤덤하게 반응하는지 이해할 수가 없다."

　이 말에 나도 모르게 고개를 끄덕였다. 실제로, 우리 사회의 부모들은 자녀가 아주 어릴 때부터 성적이 어떤지, 무슨 공부를 하는지는 꾸준히 신경 쓰고 옆에서 지켜보기까지 하면서 아이들이 인터넷을 할 때에는 옆에서 봐줄 생각조차 하지 않는다. 그저 너무 오래하는 것 같으면 "그만 해라!"라고 이야기할 뿐이다. 또는 "인터넷을 끊어버리겠다!"고 협박하는 게 고작이다. 정작 아이들이 무슨 게임을 하는지, 어떤 내용으로 이루어져 있는지, 왜 그 게임이 우리 아이의 시선을 잡아끄는지에 대한 관심은 전혀 없다. 이런 이야기를 학부모에게 하면 거의 똑같은 대답이 돌아온다.

　"컴퓨터를 봐도 뭐가 뭔지 알아야 말이죠."

어떻게 해야 할까? 부모님들이 배워야 한다. 실제로 아이가 게임을 너무 많이 해서 상담을 신청한 엄마에게 아이가 하는 게임을 배워서 같이 하거나, 혹은 쉽게 할 수 있는 게임을 아이와 함께 하면 어떨지 권한 적이 있다. 그렇게 했더니 아이의 게임 시간이 줄었다는 소식이 들려왔다. 도움이 될까 싶겠지만, 충분히 도움이 된다. 무엇보다 부모가 아이를 이해할 수 있게 되니까!

"요즘 〈리니지〉, 〈워크래프트〉가 유행한다고 하는데, 그게 그렇게 재밌어? 어디 엄마도 한 번 해보자. 좀 가르쳐 줘."

이런 말을 들으면 아이는 처음에 "엄마가 웬 게임?" 하다가도 '어디 한 번 가르쳐드릴까?' 하게 마련이다. 그리고 일단 마음의 문을 열게 된다. 부모가 잘못하면, "이 정도도 못해요?" 하고 면박을 주면서도 아이는 부모와 '함께 하는 시간' 자체를 즐기게 된다.

"처음 하니까 정말 어렵다. 너는 이 어려운 게임을 어쩜 그렇게 잘하냐? 너 정도 레벨까지 올라가려면 얼마나 해야 돼?"

이런 식의 대화를 이끌어 나가면 서로를 친구처럼 거부감 없이 대할 수 있게 있게 된다. 이렇게 되면 아이와 부모가 이야기하는 시간이 길어지게 된다. 가벼운 대화부터 시작해서 언젠가는 툭 터놓고 편하게 대화하는 분위기가 조성된다. 만약 대화가 잘 이어지지 않는다고 해도, 크게 걱정할 것은 없다. 가장 급한 문제는 게임 중독에서 빠져나오는 것이기 때문이다.

한정된 시간동안 부모와 아이 모두 게임을 하려면 시간을 나눠 써야한다. 자연스럽게 아이가 게임할 수 있는 시간이 점점 줄어들게 될 것이다. 이게 정말 될까 의심스러울 수 있다. 단호하게 말하지만 꼭 해봐야 한다. 실제로 게임 중독에 빠진 아이 때문에 상담했던 학부모들도 이 방법으로 효과를 보았다.

이러한 과정은 결국 자녀를 이해할 수 있는 기회가 된다. 자녀가 게임을 왜 좋아하는지, 게임 중독에 빠지게 되기까지 어떤 과정을 겪었는지 알게 되면 답을 쉽게 찾을 수 있다. 만약 그 원인이 가정환경의 문제라면, 아이의 시각, 혹은 제3자의 입장에서 가정의 모습을 돌아보게 된다. 그렇게 찾아낸 가정환경의 문제를 해결한다면 게임 중독뿐만 아니라, 후에 생길 다른 문제들까지 예방할 수 있다.

다른 경우, 즉 게임 중독이 매우 심각한 상황을 생각해보자. 하루 종일 게임에 빠져 있고, 게임 때문에 학교에도 잘 다니지 않고, 게임을 제재하면 부모에게 심각할 정도의 공격성을 드러내고, 게임을 하지 않을 때에는 매우 불안해하는 아이가 있다. 내 아이가 이럴 서라고 인정할 수 없다면, 딱 일주일만 아이에게 게임금지령을 내리고 지켜보자. 아이의 행동이 어떻게 변화되는지. 만일 아이가 하루 이틀도 넘기지 못하고 게임하기를 원하고, 불안한 상태를 보인다면 게임 중독 상태는 꽤 심각한 상황에 처해 있다고 봐야한다.

인터넷 중독을 연구하고 있는 많은 학자들은 부모가 나서서 아이들의 컴퓨터 이용 시간을 조정하라고 권한다. 하루에 30분, 한 시간 등 정해놓고 그만큼 시간이 지나면 꼭 몸을 움직일 수 있도록 하는 것도 당부한다. 무엇보다 중요한 것은 아이가 컴퓨터 사용시간을 잘 활용하도록 부모가 적극적이어야 한다는 것이다. 허락된 시간만큼은 충분히 자유롭게 게임을 할 수 있게 해주고, 신경을 써서 시간을 엄수하도록 도와주라는 얘기다. 만약 아이가 신경질을 내거나, 심하게 조르더라도 절대 안 된다는 것을 못박아둬야 한다. 어떤 부모는 시험을 잘 보면 컴퓨터를 몇 시간 더 할 수 있게 해주겠다는 조건을 걸기도 하는데, 그런 방법은 권장하고 싶지 않다. 부모부터 칼같이 지키는 모습을 보여주는 게 가장 효과적이다.

to. 진수야,

네가 살고 있는 게임 세상이 이 세상이었으면 좋겠다고 했지?

편안하고, 마음대로 할 수 있고, 네 뜻대로 할 수 있으니까.

근데 진수가 살고 있는 현실이 그런 세상이 아니라서 선생님도 매우

안타깝다. 게임 세상에서 살고 싶다고, 평생 그렇게 살아갈 수 있을

지 생각해 보렴. 아니라는 것은 진수도 잘 알고 있으리라 믿어.

어떻게 하면 현실에 발을 내딛을 수 있는지 생각해 보자.

최대한 원하는 대로 하면서 게임 세상에서 만큼 즐겁게 살 수 있는

방법이 있을 거야.

너와 내가 마주 보고 있는 지금 이 순간, 이 세상에서 더 이상 도망가

지 않았으면 좋겠구나. 현실 세계에서도 진수의 의지에 따라 충분히

행복하게 살 수 있으니까!

from. 햇살쌤

267

컴퓨터로 어떤 것들을 하나요?

예)

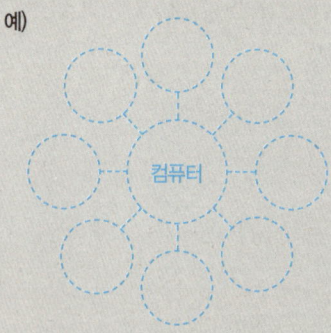

내가 컴퓨터로 주로 하는 것은?

게임의 좋은 점과 나쁜 점 그리고 그 대안은?

좋은 점	나쁜 점	대안찾기
재미있다	눈이 아프다	잠깐 쉬어 눈운동을 한다

저는 산만한 아이가 아니라

활발한 아이입니다

ADHD^{Attention Deficit Hyperactivity Disorder}는 요즘 너무 흔한 병명이 되었다. 아이가 조금만 산만해도, 조금만 집중력이 떨어져도 병원에 데리고 가서 너도나도 ADHD라는 병명을 달고 온다. 그러나 실제로 진짜 ADHD는 별로 없다는 사실을 알고 있는가? 그럼 정신없이 산만하고, 공부엔 관심이 전혀 없고, 잠시도 가만히 있지 못 하는 그 아이들은 다 뭘까? 그저 남보다 활발하고, 호기심이 많은 아이들일 뿐이다.

| ADHD, 그것이 궁금하다

2008년 처음으로 ADHD로 진단을 받은 내담자를 만난 이후로 해가 갈수록 자신의 자녀가 ADHD이니 상담을 해달라고 요청하는 사례가 늘고 있다. 도대체 ADHD란 뭘까? 우선, 좀 지루하겠지만

ADHD가 무엇인지 알아보도록 하자.

ADHD는 학령기 아동에게 흔히 나타나는 장애 중의 하나로 주의력 결핍inattention, 과다활동hyperactivity, 충동성impulsivity을 주요 특징으로 하며, 이러한 행동들이 여러 상황(학교, 집, 병원 등)에서 6개월 이상 지속되며, 7세 이전에 시작되는 아동기 장애로 분류하고 있다APA, 1994.

이들의 주요 특성은 아래 표와 같다.

1. 주의력 결핍	
학교과제와 다른 활동에서 부주의한 실수를 함	
놀이활동에서 집중이 곤란함	
상대편의 말을 경청하기 힘듦	
의무를 이행하지 못 함	
활동의 체계화에 어려움을 가지고 있음	
인내를 요하는 과제를 회피함	
물건을 자주 잃어버림	
외부 자극에 쉽게 산만해짐	
일상적인 일을 흔히 잊음	
2. 과다행동	3. 충동성
몸을 움직이지 않고 있지 못 함	질문이 채 끝나기 전에 대답함
자리를 이탈함	차례나 규칙을 준수하기 어려움
정적인 활동에의 어려움	과다하게 움직임
말이 많음	다른 사람을 방해함
쉴 새 없이 행동함	

어떤가? 내 자녀는 정말 ADHD인가?

중요한 것은 내 자녀가 ADHD인지, 아닌지보다 이를 통해 나타날 수 있는 2차적 문제들이다. 즉, ADHD를 의심할 정도로 아이의 상태가 심각하다면, 그로 인해 학업 수행에 문제가 생기고, 결국에는 학업 실패로 이어지는 경우가 많다. 이런 문제는 학업으로 인해 심각한 스트레스를 받게 하고, 교사나 반 친구들과의 관계에도 좋지 못한 영향을 끼친다. 이렇게 아이의 문제가 점점 확대되면 어느 순간 부모도 지치게 된다. 때문에 ADHD, 혹은 그로 의심되는 아이들을 상담할 때는 부모교육도 병행하는 게 좋다.

│ 우리 애는 남보다 활발할 뿐이랍니다!

내가 권하는 부모교육은 아래의 내용을 포함한다.

먼저, 아이들이 왜 문제 행동을 하는지에 대해 살펴본다. 즉, ADHD가 무엇이고, ADHD를 강화시키는 가족 내 문제들을 파악할 수 있도록 한다. 그리고 아이의 행동 중 가장 변화시키고 싶은 것을 구체적으로 서술하도록 한다. 그런 뒤, 부모와 아이가 함께 '비지시적인 놀이 시간'을 가지게 한다.

함께 보드게임을 해도 좋고, 숨은 그림 찾기를 해도 좋다. 오일을 가지고 아이와 손을 마주잡은 채 미끌거리는 촉감을 느끼는 것도 좋다. 선을 벗어나지 않도록 색칠하기 놀이를 하거나, 잡지책이나 신문에서 자신의 이름이나 가족의 이름 등을 찾아서 오려붙이기 놀이도 있다. 특별한 놀이가 아니더라도 가정 내에서 할 수 있는 다양한 놀이를 하는 것이 좋다. 이러한 놀이를 할 때에는 부모나 아이가 그 안에서 충분히 놀 수 있도록 해야 한다.

이 놀이에서 중요한 것은 잘 하는 게 아니라, 아이가 즐겁게 느끼고 부모와 충분히 교감하는 것이다. 충분히 놀았다는 생각이 들 때 부모는 점차적으로 아이의 놀이에서 분리된다. 그렇게 하면 놀이로 인해 더 이상 부모를 귀찮게 하지 않을 것이다.

아이의 문제 행동이 드러날 경우, 엄격하지만 자애로운 태도로 아이에게 지시하는 게 중요하다. 아이와 함께 이야기를 할 수 없는 상황이라면 '타임아웃'을 시행하라. 타임아웃을 시행할 때에는 아래와 같은 점을 유의한다.

타임아웃

자녀의 행동이 지나치게 감정적이거나 공격적일 때, 또한 부모의 감정도 침착한 상태를 유지하기 어려울 때 쓸 수 있는 유용한 방법입니다.

자녀를 즉각 조용한(자녀가 지루하게 느낄 수 있는) 장소로 일정 시간 동안(약 3~20분) 가 있으라고 명령합니다.

문제행동을 멈추게 할 뿐만 아니라 감정을 가라앉힐 수 있는 시간과 공간을 마련해 줍니다.

적용가능한 행동들

- 울면서 떼를 쓸 때
- 때리거나 공격했을 때 / 형제간의 싸움
- 화가 나서 비명을 지르고 물건을 던질 때
- 부모에게나 다른 어른에게 화를 내면서 대들 때
- 집적거리면서 시비를 걸 때
- 침을 뱉거나 침을 뱉겠다고 위협할 때
- 꼬집기 / 할퀴기 / 욕하기
- 경고 후에도 자녀가 계속적으로 큰 소리로 불평하면서 복종하지 않을 때
- 때리거나 공격하겠다고 말로 또는 몸짓으로 위협할 때
- 위험한 장난을 했을 때

유의할 점

- 자녀를 타임아웃 장소로 보낸 후 밖에서 잔소리나 훈계는 하지 마세요.
- 일정한 시간을 먼저 일러주고 그 시간이 지나면 나오라고 말한 후 시간이 다 지났음을 알리는 알람소리를 듣도록 해주세요.
- 알람이 울린 후, 왜 자녀가 타임아웃 장소로 보내졌는지 묻습니다. 짧고 간명하게 자녀가 원인과 결과를 알고 있는지만 확인합니다.
- 타임아웃 장소는 아이의 흥미를 끌 만한 것들은 없도록 해주세요.

나 역시 내담자들과 함께 보드게임을 해본 적이 있다. 종이접기를 하면서 상담자가 "그래, 잘 하고 있어! 역시 난 천재야!"라는 말을 꾸준히 하면서 아이들에게 따라하게 했다. 큰 소리로, 꾸준히 말하게 했더니 나중에는 내가 굳이 시키지 않아도 스스로에게 "잘하고 있다"고 격려하게 되었다. 이 같은 자기 교시는 아이들에게 행동수정과 함께 인지적인 변화를 동반하게 한다.

아이들을 이해하는 데 조금이나마 도움이 되었는가? 그다음 해야 할 일은 '내 아이가 정말 ADHD인가?'를 판단하는 일이다. 굳이 ADHD라는 병명을 붙이지 않아도 되는 경우가 더 많기 때문이다. 아래 표를 살펴보자.

성격특성	긍정적 측면 (+)	부정적 측면 (−)
의욕적	적극적, 열성적	나서기 좋아하는, 설치는
말이 많은	구변 좋은, 활동적인	수다스럽고 잔소리가 많은
독립적	소신 있는, 자립심이 강한	독불장군식인, 자기중심적인
재치 있는	센스 있는, 영리한	약삭빠른, 간사한
이성적	합리적인, 논리적인	따지는, 냉정한
신사적	예의범절이 바른, 깍듯한	거만한, 오만한

성격특성	긍정적 측면 (+)	부정적 측면 (−)
목표지향적	목표가 분명한, 미래지향적인	피도 눈물도 없는, 과욕적인
지지적	협조적인 순종적	줏대가 없는, 아부하는
지배적	소신 있는, 주관이 분명한	고집불통인, 독재적인
종교적	신앙심이 깊은, 믿음이 있는	비현실적인, 맹신적인
영향을 받기 어려움	소신 있는, 자신 있는	남의 말을 잘 듣지 않는
깨끗하고 산뜻한	깔끔한	기생오라비 같은, 겉만 번지르르한
활동적	의욕적인, 적극적인	분주한, 설치는
복종적	규범을 잘 지키는, 협조적인	수동적인, 의타적인
논리적	이성적인, 객관적인	따지는, 챙기는
감수성이 높은	감정이 풍부한, 민감한	과민한
경쟁적	의욕적인, 적극적인	투쟁적인
불안정한	감정에 민감한, 적응성이 높은	마음이 잘 바뀌는, 소심하고 불안한, 변덕이 심한
세속적	소탈한, 서민적인	저속한, 속물적인
감정적	다정다감한	다혈질적인, 신경질적인
야망 있는	꿈이 많은, 야망과 패기 있는	허황된 욕심꾼인, 수단방법을 안 가리는
주관적	소신 있는, 뚜렷하고 분명한	독선적인, 남의 이야기를 안 듣는

성격특성	긍정적 측면 (+)	부정적 측면 (−)
업무에 숙달된	일을 잘 하는, 능력 있는	요령꾼
의존적	적응력이 높은, 남의 얘기를 잘 듣는, 협조적인	마음이 약한, 복종적인
의사결정이 빠른	신속하고 정확안	가벼운, 경솔한
외모에 신경을 쓰는	깨끗하고 깔끔한	허세부리는
자신감 있는	소신 있는, 자신만만한	자기본위인, 오만한
수동적	규범에 잘 따르는	복종적인, 의존적인
집단을 리드하는 데 익숙한	리더십이 훌륭한, 능력 있는	독재적인, 강압적인
훈훈한 기운을 풍기는	사람이 따뜻한, 정이 많은	흐리멍텅한

어떤가? 내 아이는 산만한 아이인가? 활발한 아이인가? 내가 아이를 어떻게 보느냐에 따라 내 아이가 달라진다.

(출처 : 한국행동요법학회(2001). 행동요법 & 유동수(2005). 감수성훈련 중)

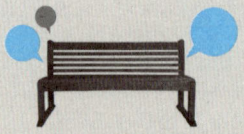

마음문 노크하기
아이의 마음 노크하기

1. 해결해야 할 문제가 무엇인가요?

2. 어떻게 해결해야 할까요?

3. 계획대로 하고 있나요?

4. 잘 해결했는지 볼까요?

예 : 숨은 그림 찾기를 한다면,

「자, 내가 해결해야 할 문제가 무엇이지?」

숨은 그림을 찾는 것이 문제지.

「어떻게 해결해야 할까?」

몇 개를 찾아야 하는지 볼까? 혹은 무엇을 찾아야 하는지 볼까?

그리고 하나씩 찾아봐야겠다 등.

「계획대로 하고 있나?」

그래, 먼저 무엇을 찾아야 하는지 보니까 그걸 찾게 되는구나. 계획대로 잘 하고 있다. 잘 하고 있어. 역시 난 천재야. 이렇게 하나씩 하나씩, 천천히 찾으니까 찾을 수 있다. 잘 하고 있어.

「잘 해결했는지 볼까요?」

어떻게 이렇게 잘 할 수 있었는지를 이야기할 수 있도록 해주세요.

★5 성

몸은 같은데 우리는 왜 안돼요?

성性 문제는 상당히 민감한 부분
이다. 가장 개인적인 영역이기 때
문이다. 특히 신체적으로나 정서
적으로 성숙하지 않은 청소년기
에 성 문제를 이야기한다는 것은
매우 까다로울 수 있다. 우리 사
회에서는 지난 세기 동안 성을 금
기시하며 밤의 문화 혹은 밀실문
화로만 다루어왔다. 사실 그로인
한 부작용이 더 많았다. 하지만
이제 시대는 바뀌었다. 숨기고 은
폐하면서 문제를 양산하는 대신
탁 터놓고 이야기함으로써 건강
한 성문화를 조성해야 할 때다.

임신했는데

선생님이 함께 가주세요

우리나라의 경우, 성관계를 맺는 다는 것 자체가 청소년에게는 금기시되는 일이다 보니 실제로 성에 관련된 상담을 할 때에도 내담자가 정확한 정보와 지식을 알지 못하는 경우가 허다하다. '우리 아이는 그러지 않겠지.'라는 생각 때문인지, 요즘같이 성교육을 자주 접하고 있는 아이들도 성에 대해 제대로 된 지식을 갖고 있거나, 자유롭게 성에 대해 말하는 것을 힘들어하는 것 같다.

| 선생님, 너무 무서워요!

임신했다면서 도와달라고 전화 상담을 요청한 고등학교 2학년 선희는 처음에는 성폭행을 당했다고 했다. 사실은 남자친구와의 관계를 통해 아이를 갖게 되었지만, 어떻게 해야 할지 몰라서 거짓말을 한 것이다. 모든 사실을 털어놓은 선희는 며칠 전에 약국에서 파는 테스터로 확인을 했다고 한다. 전혀 준비되지 않은 상태로 임신 사실을 알게 되어 무서웠겠다고 했더니 전화기 너머로 흐느끼는 소리가 들렸다.

지난 달 가임기간에 성관계를 가진 것은 맞지만, 임신 개월 수를 보다 정확하게 아는 것이 중요했고, 어쩄든 진찰은 해보아야할 것 같아서 산부인과에 가도록 권유했다. 선희는 혼자서는 도저히 못 갈 것 같다고, 함께 가줄 수 없냐고 물었다. 우는 선희를 달래고, 다음날 선희와 선희의 남자친구를 상담실로 불렀다. 선희와 남자친구를 만나 이야기를 나누고, 그들이 원하는 것이 무엇인지에 대해 알아보았다. 청소년성관련 상담소와 함께 상황을 정리하고, 병원에서 진단을 받게 한 후 선희의 엄마도 만나 상담했다. 결과는 밝히지 않겠다. 그저 선희가 일상생활로 복귀할 수 있도록 최선을 다해 도왔다.

중학교 3학년 민지는 생리할 때가 지났다면서 전화 상담을 요청했다. 아무래도 임신한 것 같은데 어떻게 해야 될지 모르겠다고 불안해했다. 생리주기가 어떻게 되냐고 물었더니 3~4일 전에는 시작했어야 한다고 대답했다. 성관계는 언제쯤 가졌는지 물었다. 아이는 기억이 잘 안 난다고 했다. 생리주기가 일정한지, 배란일이 언제인지 알고 있냐고 물었더니 그것도 잘 모르겠단다. 참으로 답답한 노릇이다. 자신의 몸이 어떤 상태인지, 여자로서 알아야할 자신의 몸도 모르면서 무턱대고 성관계를 맺다니!

요즘 아이들은 지나치게 빨리 성관계를 맺는 경향이 있다. 하지만 다른 나라에 비해 쉬쉬하며 알려주지 않는 식의 성교육 때문에 더 큰 일을 치르는 경우가 허다하다. 조금 더 솔직하게 가르쳐준다면, 몰라서 저지르는 실수는 최소한 줄일 수 있지 않을까?

민지에게 배란일과 가임 기간을 설명했더니 관계를 가진 날이 가임기가 아닌 것 같다고 했다. 혹시 모르니 우선 약국에서 테스터를 사서 확인해보고, 이왕이면 병원에서 정확한 진단을 받아보는 것이 좋겠다고 했다. 그러자 아이가 잔뜩 겁을 먹는다. 아직 확실한 것은 아니지만, 혹시 지금 걱정하고 있는 상황이 닥치게 되면 민지 혼자 결정할 수 있는 상황이 아니라고 말했더니 다행히 그 말은 알아들었다. 그래도 아직은 용기가 안 나는지, 테스터로 확인해보고 임신이라는 결과가 나오면 다시 전화하겠다고 약속하고 전화를 끊었다.

성관계, 그 이후가 문제다

위의 예와 반대로, 아이가 성관계를 맺은 사실을 알게 된 부모가 어떻게 처신을 해야 하느냐고 묻는 경우가 있다. 나는 그럴 때마다 이렇게 묻는다.

"정말 걱정하시는 게 뭐죠?"

어린 나이에 성관계를 맺은 걸 걱정하는 건지, 성관계로 인해 파생

되는 여러 가지 문제(예를 들면 성병, 임신, 무분별한 성관계 등)가 걱정되는 건지. 이렇게 물어보면 거의 모든 부모가 후자라고 대답한다. 자, 그렇다면 어떻게 해야겠는가? '어린 것들이 벌써?'하며 혼을 낼 것이 아니라, 올바른 성에 대해 알려줘야 하는 게 우선 아닐까? 냉정히 말하자면, 어차피 벌어진 일이다. 이 일로 인해 아이를 어떻게 때려잡을 것인지가 아니라, 후에 발생할 수 있는 걱정거리들을 미리 대비하는 게 더 현명한 일 아닐까? 그게 어른들의 몫이며, 진정으로 아이를 돕는 일이라고 생각한다.

그리고 만에 하나, 임신이나 성병과 같은 문제를 겪게 되었을 때 언제든지 이야기할 수 있는 대상이 부모가 되었으면 한다. 만일 문제가 생기게 되면 대부분 친구들과 어떻게든 해결해보려고 하는데, 부모 입장에서 그런 상황을 원할까? 상담을 요청한 부모에게 물으면 누구나 자신과 의논했으면 좋겠다고 대답한다. 고민에 빠진 아이들도 이런 사실을 알아줬으면 좋겠다. 혼내려는 것이 아니고 지금 어려운 상황을 어떻게 해결할 것인지 함께 고심하고 협력하는, 그래서 힘이 되어줄 수 있는 사이가 되고 싶은 것이다.

혼자서 해결하려고 하지 말고, 친구들끼리 의리랍시고 돈 모아서 병원에 가지 말고, 부모님이나 선생님과 함께 하기를 바란다. 혼날까봐 겁이 나서, 부모님이 실망할까봐 무서워서 주저하는 거라면 언제든지 함께 해줄 사람들이 있다. 바로 청소년상담지원센터의 상담사, 혹은 성폭력상담소의 상담사, 혹은 학교 선생님들이다.

비밀? 충분히 지켜줄 수 있다. 그러니 제발 혼자서 뭔가를 해결하려고 하지 않았으면 좋겠다. 최소한 성과 관련된 문제들을 겪게 된다면 말이다.

설마, 가임기간을 알면 아이들이 그 기간을 피해서 맘껏 성관계를 할 것이라고 생각하는 부모님은 안 계시겠지? 설마, 가임 기간을 알면 맘껏 성관계를 맺어야지!라고 생각하는 청소년은 없겠지? 제대로 알면 이러한 걱정거리는 기우일 뿐이다. 설사 그렇게 생각하는 사람이 있더라도 다행스러운 것은 적어도 원치 않는 임신은 막을 수 있다는 점이다. 아예 성관계를 맺지 않는 게 가장 좋다고 생각하지만!

선희, 민지에게

혼자서 해결할 수 있는 문제가 있고, 그럴 수 없는 문제가 있어.

믿고 의지할 수 있는 누군가와 함께 해결하면 그런 문제도 훨씬 수

월하게 풀리지.

걱정하지 마. 실망시키고 실지 않은 너희들의 마음, 뜻대로 되지 않

아 속상한 너희들의 마음을 잘 알지만, 괜찮단다.

소중한 생명을 반가워해야 할지, 버려야 할지 고민하는 것조차 힘든

너의 상황을 충분히 이해한단다.

이게 답이다, 하고 간단히 말해줄 수 없어서 안타까울 뿐이야. 하지

만 이것 한 가지는 말할 수 있어. 시간이 흐르고 나서 생각했을 때,

후회 없도록 살자. 만약 후회할 일을 저질렀다면, 함께 해결하려고

노력해보자. 선생님과 부모님은 언제나 너의 말을 들어줄 준비가

되어 있단다. 절대 혼자서 끙끙 앓지 말기 바란다.

from. 햇살쌤

마음문 노크하기

엄마와 아이의 마음 노크하기

가임기간을 알아보자.(28일 기준)

1. 월경 시작일이 까만별입니다.

★

2. 월경 시작일(까만별)로부터 14칸 째에 하얀색 별을 놔주세요. 월경 시작 전 14일 째가 바로 배란일이랍니다.

☆⑬⑫⑪⑩⑨⑧⑦⑥⑤④③②①★

3. 배란은 14일을 전후로 2일씩 변화될 수 있어요. 즉 월경시작일의 12 ~ 16일이 배란기간입니다.

☆⑬⑫⑪⑩⑨⑧⑦⑥⑤④③②①★

4. 난소에서 배출된 난자는 여성의 몸에서 보통 1일 동안 살 수 있답니다. 즉 월경 시작일에서 11일 전 역시도 배란기간으로 정해주세요.

☆⑬⑫⑪⑩⑨⑧⑦⑥⑤④③②①★

5. 정자가 여성의 몸에서 살 수 있는 기간은 배란 전 3일이랍니다. 이 기간이 바로 가임기간이에요. 가임기간이란 난자와 정자가 만나서 임신이 될 수 있는 기간을 말합니다. 그러므로 배란된 난자가 여성의 몸에서 살 수 있는 1일과 배란되기 전에 여성의 몸에 들어왔던 정자가 난자를 만날 수 있는 이전 기간까지 즉, 월경 시작일의 19일에서 11일 전까지를 가임기간이라고 합니다.

☆⑬⑫⑪⑩⑨⑧⑦⑥⑤④③②①★

6. 자, 다음 월경시작일과 배란일의 사이가 14일이 되죠? 이건 월경주기와 상관없이 모두 같답니다.

7. 왼쪽으로 본인의 월경주기에 맞춰서 푸른 구슬을 배열하시면 되요. 18일 주기면 8 개, 30일 주기면 10개로 말이죠.

무엇보다 중요한 것은 가임기간을 잘 지킨다고 해서 원치 않는 임신을 예방할 수 있는 것은 아닙니다. 다른 피임 방법(콘돔 등)을 함께 사용하시길 바랍니다.

발기예찬

소년에게 발기란 단순한 성난 음경이 아니다.

그것은 소년이 격동의 그 시기를 보내고 있다는 증거이며, 소년으로서 지금 살고 있

음을 알려주는 중요한 표식이다.

소년의 발기는 시도 때도 없다.

어느 순간 시작되어, 어느 순간 끝난다.

소년은 순간 당황하고, 순간 안심한다.

하루에 몇 번 씩 반복되는 그 과정은 곧 소년의 살아 있음이다.

누가 그랬다. 남자는 어떤 일에 집중하지 않을 땐 5분에 한 번씩 야한 생각을 한다고.

나른한 오후, 지루한 수업시간. 야한 생각은 소년이 그 시간을 버티는 데 제격이다.

소년이 변태라고?

지금 소년은 정말로 건강한 것이다.

건강하지 못하고, 빌빌거리는 소년에게 발기란 없다.

넘치는 에너지를 가진 소년이 발기를 할 수 있는 법이다.

소년에게 발기란 특권이다.

발기하는 그 순간, 소년은 다른 곳을 향했던 시선을 비로소 나에게로 맞춘다.

그 때만큼은 소년 자신이 온전히 삶의 주인공인 것이다.

발기하는 소년은 욕망과 본능의 노예가 아니다.

욕망의 노예는 잔뜩 취해서 사창가로 향하는 아저씨의 발걸음에 있을 뿐이다.

본능의 노예는 돈으로 영계를 따먹는 복부인의 핸드백 돈 봉투 속에 있을 뿐이다.

발기하는 소년이 죄가 있다면, 너무 젊다는 것밖에 없다.

발기는 소년에게 중요한 가르침이다.

발기한 소년은 인내를 배운다. 참고 넘어가는 법을 익히게 된다.

스스로를 조정하는 법을 알게 된다.

그야, 발기할 때마다 소년이 사정할 수는 없는 법 아닌가.

나름대로 힘든 훈련이라 하겠다.

발기는 거짓말하지 않는다.

비록 소년의 입은 거짓말할지라도 , 발기는 당당히 소년을 표현한다.

발기는 또, 일종의 반복되는 성인식이다.

소년의 발기는 그 자신이 육체적으로는 성인이 되었다는 증거이기 때문에.

소년은 하루에도 수차례 성인식을 겪으며, 정신적 성숙을 준비한다.

소년은 이렇게

바지 속의 전쟁을 겪으며

나날이 커간다.

출처 : 아해 청소년성문화센터. www.ahacenter.kr

여자라서 다행이야

지금은 열다섯이고 이제 곧 있으면 열여섯이 되는데, 그럼 4년차에서 5년차로 바뀌

게 된다. 뭐가 5년차냐고? 생리 말이다.

시간은 거슬러 이천년으로 내려간다.

세기가 바뀌었다는 것을 온 몸으로 즐거워하며 메일 주소도 '****21'로 바꾸던 새 천

년의 다짐 같은 것들을 하고는(2001년이 본격적인 21세기였다는 것도 모른 채 나는

초등학교 4학년, 언니는 중학생이 되었다)

입학통지서를 받고 마냥 설레던 언니는 초등학교 졸업식을 얼마 안 남겨둔 어느 날

초경을 시작했다.

고등학교 때 초경을 했다는 엄마는 요즘 아이들 성장이 빠르다며 놀랬고, 아빠는 최

대한 가정적인 모습으로 꽃다발과 생크림 케이크를 사주었다.

나는 언니가 너무 신기했다.

내 눈에 언니는 여중생임과 동시에 이제 나하고는 격이 다른 거의 성녀 수준으로 비치는 정도였고, 이제 나 하고는 종이 인형으로도 놀아 주지 않을 거라고 생각했다.

그러나 언니는(지금 생각해보면) 초경 특유의 부끄러움 창피함을 보였고 그래도 나는 '생리하는 여자들은 다 수줍어지는구나! 예쁘다' 하고는 매일 피구만 하는 나는 한없는 어린애라고 생각했다.

그래 거기까지 좋았다.

그런데 말이다.

쉬는 시간 애들과 우루루 몰려 가 같이 화장실에 들어가서 내 차례가 되어 바지를 쑥 내리는데 글쎄 말이다.

좀 수상한 게 묻어 있는 거다.

당황한 나는 그대로 앉아 있었고 "똥 싸냐?"는 아이들의 화 섞인 물음에 "아무것도 아냐." 라며 '별일 없겠지' 하고 일어났다.

그리고는 샤워할 때마다 속옷을 직접 빨아야했다는 걸 빼면 그럭저럭 지냈다.

그러던 어느 날 얼굴이 뇌 주름 잡히듯 잡혀 있는 나를 건치아동이라고 보건소에 소개시켜 준 양호 선생님이 성교육 프로그램 중 2차 성장기 이야기가 나온 비디오를 보여 주셨다.

물론 우리 또래의 어설픈 배우들의 연기만 보느라 웃겨 뒤집어졌지만,

기억하는 내용은 남자 아이가 좋아하는 여자 아이의 생일잔치에 초대 받는다.

들떠있는 남자 아이는 여자 아이가 좋아하는 초콜릿을 선물로 주는데 너무 좋은 나

머지 초콜릿을 먹던 여자 아이가 화장실에 갔는데 갑자기 안에서 막 우는 거다.

걔네 엄마가 놀래서 왜 우냐고 하니까 몸에서 초콜릿이 나왔다며 다시는 초콜릿을

안 먹겠다며 엉엉 울었다.

초경을 시작하는 것을 알고는 엄마는 막 웃는다.

'초경을 초콜릿에 비유한 보건복지부 정말 대단하다'라고 생각하며 씁쓸히 배 아파

하는 날들과 황당에 당황이 이어지는 날들 후 계절이 바뀌고 여름이 왔다.

친척 오빠와 동생들과 여름 놀이를 하는 캠프를 갔는데 첫 날부터 불청객이 또 오신

거다.

아무에게도 말은 못 하고 결국엔 배구도 수영도 못 한 나는 감기를 핑계로 야영장

구석에서 성장기를 겪을 리 없는 아이들이 노는 모습을 씁쓸히 보고 있었다.

아무에게도 말 할 수 없었던 나의 초경날들은 그렇게 이어지다 삼촌 기일 추모 예배

를 갔다 오던 차 안에서 정신없이 자는데 엄마가 어쩌다 발견한 것이다.

엄마는 그 간의 일을 다 알아차리셨는지 나를 막 씻기고는 생리대 80개들이와 빨간

팬티를 주셨다. "너 같은 애는 처음 본다!"라시면서.

이제와 생각해 보니 나는 단지 부끄러운 척 했던 것이다.

초등학교에서는 생리는 고사하고 브래지어만 해도 반의 이슈였던 것이다.

혹여나 눈치껏 생리를 해야 했던 아이들끼리는 생리대를 '벽돌'이라고 부르던지 화

장실로 갈 때는 반드시 주머니에 넣어 가지고 가야하던지 말이다.

산전수전 다 겪은 지금의 나는 그냥 평생의 동반자 하나가 생긴 기분이다. 그렇다고

해서 '반드시 아기를 낳겠다'는 생각은 없지만 여성성에 함께 해주는 솔직히 말하면

오래된 친구 같은 느낌이다.

오늘 학교 수업으로 대안 생리대를 만들어 보았다.

일회용 생리대의 표백에 찌들어 있었던 몸을 내 손으로 바꿔보고 싶어서 만들고 있

는데, 이거 좀 손이 가지만 무지 재밌다.

호르몬 과다 성장으로 눈물 없이 볼 수 없는 나의 2차 성장기.

그러나 이 어마 어마한 생명을 준 조물주와 자연의 섭리에 감사한다.

정말 여자라서 다행이다.

정말이다. 정말. 정말!

출처 : 아하! 청소년성문화센터, www.ahacenter.kr

저는 이반입니다

요즘 들어 동성 친구를 좋아해서 고민하는 아이들이 많다. 고등학교 2학년인 가연이는 동성친구를 많이 좋아한다. 혹시 자신이 동성애자가 아닌지 고민하는 중이다. 현수는 대학교 1학년을 다니다 입대를 했는데 동성을 좋아하는 자신의 취향 때문에 부대 내에서 적응을 못 하고 관심 병사로 분류되어 상담을 받게 되었다. 현수는 현재 웹사이트에서 그들만의 모임을 만들어 소통하면서 나름 밝고 활기찬 모습을 찾아가고 있다.

| 동성애가 뭐지?

동성애는 감정적, 심리적, 사회적, 성적으로 동성에게 이끌리는 것을 뜻한다. 동성애는 행위^{doing}가 아니라 존재^{being}이다. 동성애자는 감정적, 심리적, 사회적, 성적으로 동성에게 이끌림을 가지는 사람들 중에 그러한 자신을 받아들여서 스스로를 동성애자로 정체화한 사람을 말한다. 단지 동성과 성관계를 가졌다는 것만으로 동성애자라고 단정할 수는 없다. 마찬가지로 이같은 이유에서 타인을 동성애자라고 판단하거나 동성애를 강요할 수도 없다(출처 : 한국청소년상담원, 2003. 음란물을 자주 접촉하는 청소년의 성 및 심리사회적 특성).

지금 우리 사회에서는 동성애를 소수 그룹으로 차별하고 편견을 가지고 대한다. 이는 그들을 인정하지 않고 있다는 것이고, 다수 그룹에 속하지 않았다는 이유 하나만으로 그들이 잘못되었다고 주장하고 있는 데 다름 아니다. 이는 굉장한 오만이다. 그들은 다를 뿐이지 틀리지 않았다. 그저 다수 그룹과 다를 뿐이고, 다르다 보니 낯설고 익숙하지 않을 뿐이다.

이러한 다수 그룹의 횡포는 앞서 내가 만났던 사람들에게 자신을 충분히 표현하고, 표출할 수 있는 장場을 아예 없애버렸다. 사회 분위기가 그러하다보니, '내가 동성애자인가?'라는 생각이 들면 비정상적으로 생각되어 점점 깊숙이 숨게 된다. 매우 부당한 상황이다. 그들에게는 너무도 당연한 기회조차 박탈당하는 것이니까! 스스로의 정체성을 찾아갈 수 있는 기회, 정체성 그대로 살아갈 수 있는 기회, 마음껏 살아갈 수 있는 그런 기회를 말이다.

| 다른 것은 나쁜 게 아니야!

가연이의 경우 자신의 정체성을 찾고, 선택할 수 있도록 주위에서 도와주어야 한다. 태어날 때부터 유전적인 요소로 동성애자인지, 이성애자인지 정해져 있지 않다. 아직 호르몬으로 인한 영향은 밝혀지지 않았지만, 현재까지 대부분의 동성애 연구에서는 후천적인 원인이 있는 것으로 나타났다. 그렇기 때문에 가연이의 경우 조금 더 자신을 탐색하는 시간을 가져야한다.

동성을 좋아하는 느낌은 이상한 게 아니다. 동성이 좋다고 다 동성애자인 것도 아니다. 같은 동성이라도 호감 정도가 다르다. 그 중에서 유난히 끌리고 나랑 잘 맞는 사람도 있을 수 있다. 그 친구가 왜 그렇게 좋은지, 어떤 점이 끌리는지, 이런 느낌이 다른 대상에게도 있었는지를 좀 더 생각해 보는 건 어떨까? 또한, 지금 동성에게 느끼는 감정이 이성에게도 나타나는지, 그렇지 않고 지속된다면 동성 친구에 대한 관심을 진지하게 생각해 보는 것이 필요하지 않을까?

확실히 이성보다는 동성과 함께 교류할 수 있는 즐거움이 많다. 더 친밀할 수 있고, 속마음을 털어놓을 수 있는 기회도 많다.

지금 당장 무언가를 결정 내려야 하는 것은 아니다. 지금 겪는 혼란과 두려움, 동성에 대한 특별한 느낌과 행동, 자신의 취향 등을 스스로 깊게 생각해보자. 한때 동성에 관심이 있었다고 해서 동성애자라고 판단하는 것은 위험하다. 자신의 성적 성향에 대해 조금 더 진지하게 살펴보는 시간을 가져야 한다.

현수의 경우는 어떤가? 현수가 주로 많이 받는 상처는 자신이 좋아하는 사람들로부터 거부당하는 것이다. 현수가 좋아하는 사람들은, 그가 동성애자라는 사실을 안 순간 이상하게 쳐다보면서 떠나버렸다. 이 과정에서 많은 상처를 받다보니, 자신이 좋아하고 오래도록 보고 싶은 사람이 생기더라도 쉽게 다가가지 못하게 되었다. 자신의 성적 취향을 알게 되면 실망하고, 떠날까봐 마음 졸이게 된 것이다. 자신을 이해해주는 사람들과 어울리고, 더욱 활발하고 적극적으로 살아갈 수 있는데도 주변 사람들의 시선 때문에 위축되고, 죽고 싶을 만큼 힘든 시간을 보내게 된 것이다.

누군가를 좋아하게 됐을 때, 충분히 시간을 가지고 고민해보자. 자신이 동성애자라는 것을 고백할 것인지 말 것인지에 대해서! 자신이 오래 만나고 싶은 사람이 동성애에 대해 혐오감을 가지고 있는지, 조금 놀랍고 당황스러워 할지라도 이 사실을 받아들여줄 수 있는 사람인지. 만일 이러한 사실을 알린다면 어떠한 방법으로 알릴 것인지, 그리고 알린 후 어떻게 대처를 할지에 대해 충분히 고민해야 할 것이다.

다시 한 번 생각해 보자. 동성애는 옳은가? 그른가? 둘 다 아니다. 그저 다른 것이다. 이제 조금 더 개방적이고, 편견 없는 사고를 가졌으면 좋겠다. 남들과 똑같은 청소년들이, 성적 취향만 조금 다를 뿐인 그 아이들이 상처받지 않도록.

to. 현수야, 잘 지내니?

언제든지, 누구에게든지 네 이야기를 해도 좋다는 말에 힘을 얻고 써 보았다. 지금도 하고 싶은 일 하면서, 여러 사람들과 만나면서 활기차게 지내고 있는지 궁금하다. 다른 사람들이 너와 다르다는 것을 인정하기까지 많이 힘들었을 텐데,

"괜찮아요. 그래도 내가 하고 싶은 일 하면서 사는 게 얼마나 행복한지 몰라요. 나를 벌레 '보듯 하는 사람들'보다 내가 더 행복하면 된 거 아니에요?"라고 말했던 네 모습이 눈에 선하다.

힘내라, 현수!

네 안에 있는 사람에 대한 애정과 관심을 잃지 않기 바란다!

from. 햇살쌤

302

청소년들의

아·우·성

청소년기에는 성호르몬이 증가하면서 신체적으로 급성장한다. 하지만 이런 변화에는 개인차가 있다. 아이들은 성장을 경험하면서 종종 자신이 비정상적인 것은 아닐까 고민하고, 열등감과 우월감을 느끼기도 한다. 남자는 성기가 발달하고 변성과 수염과 치모, 사정을 경험하고, 여자는 둔부가 넓어지고 유방이 커지며 초경을 시작한다. 2차 성징의 출현은 성인이 되는 과정이기도 하지만 한편으로 불안감과 함께 스트레스를 초래한다.

| 생리와 몽정, 첫 번째 통과의례

Q. 생리통이 심한 이유? 생리통은 왜 생겨요? 약을 먹으면 몸에 안 좋나요?

303

생리통은 대부분 초경을 겪은 후 수개월 혹은 2~3년 사이에 시작되는데 두통, 허리통증, 우울, 신경질 등의 증세가 나타난다. 어떤 사람들은 일상생활에 지장을 초래할 정도로 통증이 심한 경우도 있는데 이럴 때는 무조건 진통제를 복용하기보다 의사의 진찰을 받아 약을 복용하는 것이 좋다. 하지만 약에 의존하지 말고 '어른이 되어가는 성장통'으로 생각하는 게 좋다.

Q. 생리는 언제 시작해요?

일반적으로 초경은 12세를 전후로 11~15세쯤 시작되며 사람마다 생활환경, 영양 상태 등에 따라 시작하는 시기가 차이가 있을 수 있다. 조금 늦거나 빠른 데 너무 예민하게 반응할 필요는 없다. 그러나 만 18세가 넘어도 초경이 없을 때에는 의사의 진찰을 받아보는 것이 좋다.

Q. 몽정이 뭐예요?

남성의 고환에서는 하루에도 5천만 내지 1억 마리의 정자가 만들어진다. 자신도 모르는 상태에서 정액과 함께 밖으로 나오는 것이 몽정이다. 오줌이 방광에 많이 고이면 소변이 나오듯이 정액이 정관의 끝 부분에 모여 있다가 넘치는 현상이 일어나는 것이다.

Q. 자위행위를 하면 정말 정자의 질이 떨어지나요?

자위행위를 많이 한다고 정자의 질이 떨어진다는 과학적인 근거는 없다. 그리고 자위행위의 횟수도 개인의 건강이나 상황에 따라 다르기 때문에 몇 회가 적당하다는 기준도 없다. 일상생활에 지장을 주지 않고 건강을 해치지 않는 정도에서 각자가 자신에게 적당한 선을 만들어 가야 한다.

Q. 포경수술은 언제 하는 것이 적당할까요?

포경수술이란 음경에서 귀두를 감싸고 있는 표피를 제거해 내는 수술로 만약 신생아시기에 하게 된다면 감돈포경, 귀두표피염 등을 예방하는 데 도움이 될 수 있다. 하지만 사춘기가 지나고 성기가 성장하면서 자연 포경이 될 수 있으므로 사춘기 이후, 포경이 이루어지지 않은 경우에 시행하는 것이 바람직하다.

Q. 여자도 자위행위를 하나요?

여자도 남자와 마찬가지로 성적 쾌감을 느끼기 때문에 성욕을 혼자서 충족시키기 위한 자위행위를 할 수 있다. 남자 중에서도 자위행위를 하지 않는 사람이 있듯이, 여자도 자위행위를 하는 사람이 있고, 하지 않는 사람이 있다.

Q. 자위는 몇 번 정도 해야 정상이에요?

자위행위에 적당한 횟수란 없다. 자주 한다고 해서 혹은 하루에 한 번씩 한다고 해서 혹은 자위를 안 한다고 해서 정상이 아니라고 말할 수는 없다는 뜻이다. 횟수가 중요한 게 아니라 정신적 상태, 건강, 체력, 학업에 대한 자세, 성욕의 차이 등과 관련이 깊다. 젊을수록 횟수가 많아지는 것은 자연스러운 현상이다. 다만 자위 후 자신의 신체에 안 좋은 반응이 오거나 일상생활을 지속할 수 없을 만큼 피로하고 집중이 되지 않는다면 자위의 횟수를 줄이는 게 좋다. 지나친 탐닉은 정신건강이나 신체적 건강에 이로울 게 없다.

Q. 자위를 많이 하면 정말 키가 안 커요?

자위와 키, 자위와 머리 나빠짐과는 관계가 없다. 다만 자위를 하게 되면 많은 에너지를 쓰기 때문에 키 크는 데 쓸 에너지를 자위에 쓰게 되는 경우가 생길 수 있다.

| 포르노를 보면 변태인가?

Q. 남자들은 왜 이상한 영화를 보면 발기되나요?

음경발기는 신경계, 혈관계 및 내분비계가 복합적으로 작용하여 일어나는 혈관 현상이라고 할 수 있다. 심적 자극에 의한 성적 흥분으로 일어나는 발기는 외생식기의 자극 없이도 일어나며 바로 대뇌에서 척수를 통해 발기신경인 부교감신경에 의해 성기로 명령이 전달되어 발기가 일어날 수도 있다. 음경 발기는 감각을 통해서 일어날 수 있다. 성충동을 일으키게 하는 가장 큰 요소는 시각이라고 알려져 있는데, 이는 여성보다 남성을 더 크게 자극한다. 이런 반응은 건강하다는 증거이다.

Q. 발기란 무엇인가요?

남성의 생리적인 음경 발기에는 심인성 발기, 반사성 발기, 야간의 수면 중 발기의 세 가지가 있습니다. 매혹적인 여성을 보거나 눈앞에 여성이 없더라도 성적 충동을 일으키는 그림이나 영화를 볼 때, 냄새를 맡을 때, 또는 소리를 들을 때 심지어는 눈을 감고 아름다운 여성을 대상으로 에로틱한 상상의 날개를 펼칠 때도 음경이 발기되는데 이를 심인성 발기라고 한다. 심인성 발기는 대뇌 피질 센터의 흥분 결과로서 흥분이 척수에서 기원하는 교감 신경을 통해 성기로 전달되어 일어난다.

반사성 발기는 성기를 애무하거나 자극을 주면 그 자극이 척수로 전달되고 다시 척수에서 기원하는 부교감신경을 통해 음경에 전달되어 일어난다. 하반신불수 환자가 성기에 자극을 받았을 때 자기 의사와 관계없이 발기가 되는 것도 반사성 발기에 기인한 것이다.

야간의 수면 중 발기는 심인성, 반사성 발기와는 전혀 상관이 없다.

정상 남성이면 연령에 관계없이 누구나 나타나는 생리적 발기로 왜, 어떻게 일어나는지는 아직 명확히 밝혀지지 않았다. 정상인은 수면 중에 안구가 빨리 움직이는 안구 진동 현상이 나타나는데, 바로 이 시기에 80~90% 수면 중 발기가 일어난다. 자기 의사와는 전혀 관계 없는 것으로 에로틱한 꿈을 꾼다고 해서 나타나는 것도 아니다.

Q. 포르노를 보면 정액을 먹는데, 먹어도 이상이 없나요?

남자가 건강하고 특별한 병이 없다면 정액을 먹는다고 해서 큰 해가 되지는 않는다. 그러나 남자가 간염이라든가 성병(에이즈 포함) 등 전염성 있는 병을 가졌을 경우 상대방에게 병을 전염시킬 수 있기에 이런 경우엔 절대 정액을 먹거나 음경이나 질 등에 입을 가져가는 행위를 해서는 안 된다. 간염을 일으킬 수도 있고, 성병 등이 목에서 다른 질병을 일으킬 수 있으므로 잘 알지 못하는 사람과의 접촉(입이나 생식기)은 절대 피해야 한다.

Q. 비디오에 나오는 건 진짜 그렇게 하는 건가요?

비디오는 상업적인 목적으로 이용하기 위해 자극적으로 만든 것이다. 음란영화는 그 영화를 보는 사람에게 성적 흥분을 일으킬 목적으로 연출된 작품이라는 뜻이다. 그런데 그런 영화를 보면 마치 사람들이 그렇게 성 관계를 맺고 있는 것 같은 착각을 일으키게 된다. 그래서 자신도 경험해 보고 싶다든지 정말 사랑하는 사람과의 관계에서 그런 장면을 연출해 보려고 시도하기도 한다.

이런 경우 당사자에겐 흥미로운 일처럼 느껴질 수 있을지 모르지만 상대방에겐 감당하기 어려운 혐오감을 줄 수도 있고 성 관계 자체를 거부하게 만들 수도 있다. 따라서 영화와 실제를 구별할 줄 아는 안목을 갖지 않을 경우 음란영화는 좋은 점보다 해로운 점이 더 많다는 것을 이해해야 한다.

| 피임법을 알고 싶어요

Q. 질외사정은 어떤 건가요?

질 밖에서 사정을 하였어도 남성의 정액이 질내로 들어가면 임신이 될 수 있다. 또한 요도의 분비물에도 정자가 포함되는 경우가 있으므로 조심해야 한다. 또한 사정의 시기를 아차 하는 순간에 놓쳐 실수를 하는 경우도 흔히 있다. 그러므로 좀 더 확실한 피임 방법을 사용하는 것이 좋다. 또한 질외사정은 성병을 예방하지 못하므로 콘돔을 사용하는 것이 가장 안전하다.

Q. 콘돔은 어떻게 사용하고 왜 하는 거예요?

콘돔은 사용 시 주의를 기울여 제대로 사용해야 피임실패율을 줄일 수 있다. 콘돔은 남성의 성기가 단단하게 발기가 된 상태에서 성기가 여성의 성기에 접촉하기 전에 씌운다. 콘돔이 손톱이나 반지에 찢어지지 않도록 주의해서 포장에서 꺼낸 후, 콘돔의 끝을 살짝 비틀어 끝의 공기를 뺀 후에 한 손으로 성기 끝에 씌우고, 다른 한 손으로 말려 있는 것을 밑으로 쭉 내리며 성기가 다 덮이도록 편다. 만일 정액 받이가 없는 콘돔일 경우에는 음경의 귀두 끝에 약 1~2cm의 여유를 남겨둔다. 사정이 끝난 후에는 성기가 부드러워지기 전에 여성의 질에서 성기를 빼고 콘돔을 제거해야 하는데 이때 정액이 쏟아지지 않게 주의해야 하며, 제거한 콘돔은 끝을 잘 묶어 종이에 싸서 버린다.

Q. 페미돔이 뭐예요?

여성용 콘돔이라고 하는 페미돔^{femidom}은 콘돔에 비하여 질긴 폴리우레탄으로 만들어져 잘 찢어지지 않고 주머니의 사이즈가 크므로 여성의 성기를 충분히 덮어주기 때문에 콘돔에 비하여 높은 피임 효과와 성병 예방 효과가 있다. 그러므로 성병이나 후천성 면역결핍증을 여성 스스로가 예방할 수 있는 방법이다. 콘돔에 비하여 값이 비싸고 청소년들은 착용하기가 힘든 단점이 있다.

Q. 피임하면 임신 안 되나요?

완벽한 피임방법은 없다. 확률을 낮출 뿐이다.

날짜 피임법 (또는 임신 위험기간)

여성의 배란기는 매월 또는 상황에 따라서 변동이 있으므로 배란기가 항상 일정하지 않을 수가 있다. 그러므로 날짜 피임법만을 이용하는 것은 피임 실패의 가능성이 높기 때문에 좀 더 확실한 피임방법을 선택하는 것이 좋다. 수정 능력이 난자는 배란 후 약 24시간, 정자는 성교 후 약 2~3일이며(간혹 더 오래 가는 경우도 있다), 배란이 다음 월경 시작 예정일로부터 약 14일(12~16일) 전에 일어난다는 가정을 전제로 하여 월경이 비교적 규칙적인 사람에게서 배란기를 예측할 수 있다. 지난 6개월간의 월경주기 중 가장 짧은 주기에서 18일을 뺀 날짜로부터 가장 긴 주기에서 11일을 뺀 날짜까지가 배란기로 이때 임신의 위험이 가장 높다.

예를 들어 월경주기가 28~30일인 여성은 월경주기(월경 시작일을 1일로 계산하여) 10일째부터 19일째까지가 임신 위험기간이다.

예) 지난 6개월간의 월경주기 28~30일

식) 가장 짧은 주기-18일 = 28-18 = 10일

　　 가장 긴 주기 -11일 = 30-11 = 19일

답) 임신 위험기간 = 월경주기 10-19일

| 우리 몸의 생식기

Q. 여성의 쾌감과 남성 성기의 크기는 관계가 있나요?

남자들은 이런 고민을 많이 한다. 남들 것과 비교해서 우쭐대고 싶어서 성기를 크게 하는 수술도 한다. 성기에 집착하는 사람은 남성성기 확대술을 원하며 비뇨기과에 가는 경우도 있다. 발기 시 평균적으로 동양인은 13~14*cm*, 백인은 14~15*cm*, 흑인은 15~16*cm*라고 한다. 질의 길이가 7~8*cm*이므로 발기 시 10*cm*이상만 되면 성관계에 문제가 없다. 성욕과 길이는 상관이 없고, 테크닉과 딱딱해지는 정도가 중요하다고 할 수 있다.

Q. 처녀막은 언제 파열되나요?

처녀막은 질입구의 일부를 막고 있는 엷은 주름으로 된 근육이다. 중앙에 손가락 굵기 정도의 작은 구멍이 있어 외부와 통하도록 되어 있는데, 처녀막은 생긴 모양, 부착 형태, 두께 등의 개인차가 있다. 심한 운동, 자위행위, 의사의 내진 등에 의해서도 쉽게 파열될 수 있지만 대부분은 첫 번째 성행위를 할 때 파열된다.

Q. 성기가 휘었어요. 자위를 많이 해서 그런가요?

성기가 휜 경우 그것의 정도에 따라 의학적인 측면에서 좀 더 자세하게 진단을 받을 필요가 있다. 성기를 위에서 아래로 바라볼 경우 또는 어떤 자세에서 보느냐에 따라 조금씩 휜 모양으로 보일 수 있는데, 약간 휜 것으로 보인다고 모두 문제가 있는 것은 아니다. 하지만 그 휜 정도나 각도가 90도 정도로 많이 휘었다면 음경만곡증이라고 보아야 한다. 이때는 혼자 고민하지 말고 비뇨기과 전문의와 상의해야 한다.

성기가 휜 것 자체는 그다지 수치스러운 일이 아니다. 소변볼 때 서서 볼 수만 있다면 문제될 게 없다. 또한 자위행위로는 성기가 휘지 않는다. 음경에는 해면체가 있는데 그것이 정상적으로 일정하게 자라지 않고 비대칭적으로 자라는 경우에 성기가 휘는 것이다.

| 에이즈나 성병에 걸리면 어떤 증상이 나타날까?

Q. 성병의 증상을 알고 싶어요!

성병을 의심할 수 있는 증상은 소변을 볼 때 타는 듯한 느낌이나 동통, 성기로부터의 어떤 비정상적인 분비물, 성기 부분의 궤양이나 구진, 성기나 그 주위의 가려움이나 불편함, 성기 근처 서혜부 임파선비대 등이 나타난다. 그러나 어떤 성병이 걸렸는가에 따라 증상은 다르다.

성병에 걸렸을 경우 가능한 한 빨리 병원에서 치료를 받는 것이 중요하다. 부모님께 말씀드리는 것이나 병원 방문이 두렵거나 창피하다고 치료를 미루다가 더 큰 문제를 만날 수 있다. 성병을 치료할 수 있는 곳은 비뇨기과, 산부인과, 감염내과 등이다.

Q. 성병을 예방하는 방법은 없나요?

가장 확실한 예방법은 성병 감염의 위험성이 있는 이성과의 성관계를 피하는 것이다. 성병을 예방하는 정확하고 간편한 방법은 콘돔

사용이다.

Q. 직접적인 성관계가 아닌 행위로도 성병에 걸리나요?

성병은 성교 시 직접 성기를 통해서나 키스, 애무 등으로 전염되지만 고름이나 분비물이 묻은 손, 속옷, 수건, 침구, 양변기, 요강, 공중목욕탕 등에서 간접 전염되는 수도 있다. 그러나 대부분 성병을 일으키는 균은 온도에 민감하기 때문에 직접적인 섹스를 통해서 옮는 것이 일반적이다. 다만 섹스 이외의 경로로도 옮을 수 있기 때문에 평소 청결한 생활과 공중 장소에서의 청결에 신경을 쓸 필요가 있다. 예를 들어 양변기에서는 반드시 휴지를 깔고 용변을 본다거나 공중목욕탕에 함부로 앉는 습관을 고치는 것 등이다.

| 성폭력, 알고 대처하자!

Q. 성폭력이란 무언가요?

성폭력의 피해는 가벼운 형태의 성희롱, 신체적인 성추행, 그리고 강간이나 강간 미수, 더 심하게는 집단 성폭행에 이르기까지 다양하다. 국내외 많은 연구들에서 성폭력피해 경험은 이후의 발달과정이나 성인기에 적응장애를 일으킬 수 있는 위험 요인임이 입증되었다. 성폭력의 단기 후유증으로는 급성적 공포, 불안, 우울, 정서조절의 어려움, 수면 및 섭식장애, 사회적 철수 행동들이 있다. 이는 주로 외상 후 스트레스 장애의 증상들과 관련된다.

Q. 성폭력 후 나타날 수 있는 이상이 있나요?

아동기 성폭력 피해 경험이 있는 여성들은 피해 경험이 없었던 여성들보다 성인기에 불안 및 불안장애, 우울감 및 우울장애, 성적 문제나 성적 어려움, 부정적인 자기상, 자살생각과 자살시도와 같은 증상들로 고통받는 비율이 높다. 성폭력 피해는 그 단기적 영향이 바로 사라졌다고 해도 장기적이고 만성적으로 남게 된다는 점에서 주의를 요구한다.

| 청소년기의 임신과 낙태가 위험한 이유

Q. 생리 중에 성관계를 하면 임신이 안 되나요?

일반적으로 생리 중에는 피임을 하지 않아도 된다고 생각하기 쉽지만 이는 잘못된 생각이다. 생리란 증식된 여성내막이 임신이 되지 않았을 때 탈락하는 현상이다. 이 기간 중 성관계를 가지면 임신 확률이 적을 뿐, 100% 안전하다고는 할 수 없다. 특히 배란기간이 짧고 생리기간이 긴 사람이 생리가 끝날 무렵 성관계를 가지면 3일 이상 살아 있는 정자와 난자가 수정되어 임신이 될 수도 있다.

Q. 성관계를 한 후 얼마 만에 병원에 가야 정확한 임신여부를 알 수 있나요?

임신 진단법

다음 생리가 나올 예정일에서 1~2주가 지나도 생리가 없으면 임신인가를 의심해보아야 한다. 임신을 확인할 수 있는 방법으로는 소변임신반응검사와 초음파검사가 있다. 소변임신반응 검사는 가장 흔하고 간편하게 할 수 있는 방법이지만, 정확성이 떨어지므로(자궁외임신이나 이상임신의 구별이 안 된다), 초음파 검사를 받는 게 가장 좋다. 기타 혈액내의 임신 호르몬성분 (β-hCG) 을 검사하여 임신을 며칠 더 일찍(생리 예정일에서 1~2일 후) 알아볼 수도 있지만, 이것은 흔히 사용하는 방법은 아니다.

소변임신진단 테스트

임신이 되면 몸에 hCG (융모성선자극호르몬)라는 호르몬 성분이 증가한다. 이 hCG가 소변내로 배설이 되므로 소변을 받아 hCG가 검출되면 임신이 되었음을 알 수 있다. 대개 생리가 1~2주 이상 안 나오면 임신 여부를 확인해야 한다. 깨끗한 용기에 소변을 받아(아침 첫 소변이 좋지만, 어느 때나 가능하다) 임신진단테스트 키트 안의 설명서대로 검사한다. 실제 임신이 되었더라도 임신 초기에는 음성으로 나올 수 있다. 그러므로 계속 생리가 나오지 않는다면 1~2주 간격으로 다시 테스트해야 한다. 양성인 경우라도 자궁내의 정상임신 이외에 자궁외임신이나 유산 등의 이상 임신, 결과가 잘못 나오는 경우 등이 있을 수 있으므로 꼭 산부인과에서 초음파검사를 받을 것을 권한다.

| 낙태수술 말고, 애기 지우는 방법은 없나요?

그런 방법은 없다. 임신 중절의 위험성은 임신 주수와 비례한다. 임신 12주까지는 일반적으로 흡입 수술을 하는데, 흡입술 이후 출혈이 나타나거나 자궁이 손상될 염려가 있다. 또 감염이나 불임의 원인이 되기도 한다. 2회 이상 유산의 경험이 있을 경우 훗날 조산의 위험도 따른다.

출처 : 아하! 청소년성문화센터. www.ahacenter.kr,

Yline 사이버 성상담실. www.yline.re.kr

•마음문 노크하기•
아이의 마음 노크하기

전국청소년성문화센터

지역	기관명	연락처	팩스번호	주소
울산	울산청소년 성문화센터	052-256-1318	052-257-1318	울산광역시 남구 야음동 459-7번지 5층
강원	강원도청소년 성문화센터	033-255-6651	033-255-6652	강원도 춘천시 사농동 277-1번지 강원도청소년수련관
서울	탁틴청소년 성문화센터	02-338-7480	02-3141-9339	서울시 서대문구 창천동 114-9번지
	창동청소년 성문화센터	02-950-9626	02-950-9609	서울시 도봉구 창4동 1-6번지 창동청소년 수련관 4층 상담센터
	광진청소년 성문화센터	02-2204-3140	02-2204-3140	서울시 광진구 광장동 318
	송파청소년 성문화센터	02-3012-1318	02-404-9797	서울시 송파구 문정2동 150-8
	아해청소년 성문화센터	02-2677-9220	02-2677-9042	서울시 영등포구 영등포동 7가 57
인천	인천광역시청소년 성문화센터	032-446-1318	032-446-1317	인천시 남구 문학동 문학경기장 내 성문화센터
경기	탁틴 와~ 경기도 청소년성문화센터	031-475-3253	031-475-3254	경기도 안산시 단원구 초지동 666-1 안산 와스타디움 관리사업소 3층

지역	기관명	연락처	팩스번호	주소
경기	경기북부청소년 성문화센터	031-954-8050	031-954-8051	경기도 파주시 문산읍 마정리 377-3 경기북부성문화센터
부산	부산시청소년 성문화센터	051-303-9622	051-303-9608	부산시 사상구 덕포동 247-6
	늘함께청소년 성문화센터	051-558-1225	051-5583932	부산시 동래구 명륜1동 533- 230 율곡빌딩 6층
	탄생의신비관	051-550-1656	051-550-1599	부산시 금정구 두구동 669 부산광역시 경륜공단
광주	광주청소년 성문화센터	062-522-1388	062-522-1390	광주광역시 북구 유동 107-5번지 광주YMCA 7층 성문화센터
	광주광산구청소년 성문화센터	062-971-5534	062-973-9552	광주광역시 광산구 쌍암동 653-1 청소년수련관 내
대구	대구청소년 성문화센터	053-653-7755	053-653-7332	대구광역시 달서구 송현동 702번지 대구청소년수련원 내 3층
대전	대전청소년 성문화센터	042-222- 8847~8	042-222-8898	대전광역시 중구 은행동 142-6번지 대전광역시보육정보센터 3층
강원	강릉청소년 성문화센터	033-645-1318	033-646-9583	강원도 강릉시 교동 종합운동장길 66 청소년수련관 2층

지역	기관명	연락처	팩스번호	주소
강원	원주청소년 성문화센터	033-745-1318	033-731-9623	강원도 원주시 단계동 909번지 3층
충남	충남청소년 성문화센터	041-592-1388	041-592-1389	천안시 서북구 성정2동 1265번지
충북	충북청소년 성문화센터	043-258-8001	043-258-7943	청주시 상당구 수동 112-69 충청북도 청소년성문화센터
충북	충주호암청소년 성문화센터	043-856-7816	043-856-7806	충주시 호암동 562번지
전북	전주청소년 성문화센터	063-251-1318	063-273-5479	전주시 덕진구 진북1동 301-70 전북학생종합회관 공연장동 1층 전주성문화센터
전북	군산청소년 성문화센터	063-463-1230	063-463-1266	군산시 송풍동 954-3번지 군산청소년수련관
전북	정읍청소년 성문화센터	063-532-1388	063-537-1388	정읍시 시기3동 69번지 정읍시청소년수련관 3층
전북	익산청소년 성문화센터	063-834-1355	063-835-1388	전북 익산시 어양동 54-6 청소년수련관 2층
전남	목포청소년 성문화센터	061-272-1318	061-272-1319	전라남도 목포시 상동 산34-7 목포청소년수련관 내 목포시청소년성문화센터
전남	여수청소년 성문화센터	070-7733-1319	061-682-3692	여수시 학동 65번지 여수시청소년수련관
전남	전남청소년 성문화센터	061-554-1318	061-552-3118	전라남도 완도군 군외면 삼두리 96-1 전라남도청소년수련원 내 1층
경북	경북청소년 성문화센터	054-436-0218	054-436-0238	경상북도 김천시 아포읍 대성리 산120번지 경상북도청소년성문화센터
경남	경남청소년 성문화센터	070-8145-8014	055-832-7959	경남 사천시 벌리동 427-1
제주	서귀포청소년 성문화센터	064-760-3451	064-739-1688	제주도 서귀포시 강정동 1481-3번지 서귀포시청소년수련관

내 몸 권리 헌장

자기 몸의 주인은 자신이다. 그러므로 아래와 같은 권리를 주장할 수 있다.

자기 몸의 주인이 자신인 것처럼 마찬가지로 상대방도 똑같이 자기 몸에 대한 권리를 가지므로 상대의 몸을 함부로 해서는 안 된다.

- 나쁘거나 애매모호한 신체 접촉을 받을 때는 "No!"라고 단호히 얘기할 수 있는 권리
- 애매모호한 신체접촉이 있었을 때 그 의미에 대해 물어볼 수 있는 권리
- 신체적 접촉에 대해 이상하거나 불편한 느낌을 가질 권리
- 강요나 유혹에 의해 신체적 접촉을 받지 말아야 할 권리
- 이상하거나 불편한 신체적 접촉이 발생하면 신뢰할 만한 어른에게 도움을 청할 수 있는 권리
- 신체적인 접촉으로 인해 신체적·정신적 피해를 입거나 그럴 가능성이 있을 때에는 약속이나 비밀을 안 지킬 수 있는 권리
- 신체적으로 안전하게 보호 받을 권리
- 성폭행의 책임이 피해자에게 있지 않다는 권리

출처 : 아하! 청소년성문화센터(2010). 2010 아하! 어린이성육프로그램 워크숍 자료 중

나의 궁극적 선택은 행복!

우리는 항상 무언가를 '선택'한다. 태어나는 것과 죽는 것만 빼고 거의 모든 일을 스스로 선택할 수 있다. 돌이켜보면 내가 존재했던 순간은 모든 선택의 과정이었다. 생각해보자. 우리는 매순간 크고 작은 선택을 한다. 아침에 더 잘 것인가? 알람이 울리는 순간 벌떡 일어날 것인가? 스커트를 입을 것인가? 청바지를 입을 것인가? 학교에 갈까, 말까? 우리의 삶은 이처럼 매번 선택을 요구한다. 그리고 우리는 언제나 '최선'을 택한다.

선택은 어려워!

짜장면을 먹을 것인지, 짬뽕을 먹을 것인지를 결정하는 순간을 떠올려보자. 내가 시킨 짜장면에 대해 '에이, 뭐 이렇게 맛없어? 다음부턴 이 집 짜장면은 먹지 말아야지!' 하거나 '짬뽕이 훨씬 맛있어 보이는데, 앞으론 짬뽕을 먹어야지!'라고 생각했던 적이 있을 것이다. 자신의 선택에 후회가 있을 수 있지만, 그 당시에는 가장 최선의 것을 선택하지 않았을까? 가장 마음이 끌리는 것을 고르지 않았던가? 고민의 시간이 짧든 길든, 문제가 경하든 중하든 그것은 문제가 되지 않는다. 누구나, 어떤 선택을 할 때에는 '자신에게 가장 좋은' 것을 택하기 때문이다.

하지만 애석하게도 최선의 선택이 언제나 최상의 결과를 도출하지는 않는다. 그래서 후회하는 경우가 종종 발생한다. 반면 어떤 때에는 '그렇게 하길 정말 잘 했어!'라는 생각이 들기도 한다. 만일 자신의 선택에 후회가 따른다면 다시 한 번 도전하라. 먼젓번의 후회를 거울삼아 두 번째엔 후회하지 않도록 뭔가를 '새롭게' 선택할 수 있다. 물론 그 결과 역시 본인의 몫이지만!

중요한 것은 내가 도출해 낸 결과가 아니다. 결과가 훌륭하다면 더 말할 나위 없이 좋겠지만, 정작 소중한 것은 매 순간 우리가 스스로 선택한다는 점이다. 그래서 늘 선택에는 과중한 책임이 따른다. 하지만 거꾸로 생각하면, 그만큼 우리 자신에게 '힘'이 있다는 뜻이고, 우리가 철저하게 자유로운 개인이라는 뜻이다. 또 자기 선택에 스스로 책임을 져야 하는 외롭고 고독한 존재라는 뜻이기도 하다.

| 거웨인과 늙은 마녀

아더 왕이 어느 나라의 왕에게 잡혀 포로가 되었다. 적국의 왕은 아더에게 "여자가 가장 원하는 것이 무엇인가?"라는 질문에 답을 찾아오면 목숨을 살려주겠다고 했다. 아더는 그 답을 구하기 위해 온갖 사람들에게 물어보았지만 누구하나 확실한 답을 말하지 못한다. 그때 누군가 "북쪽에 사는 늙은 마녀는 아마 알 것이다."라고 아더에게 팁을 준다.

아더는 마녀를 찾아가 답을 묻는다. 마녀는 답을 알려주는 대가로 아더 왕의 기사들 가운데 가장 뛰어난 미남인 거웨인과 결혼하게 해달라고 요구한다. 아무리 자신의 목숨이 걸린 일이지만 거웨인더러 추한 마녀와 결혼하라고 강요할 수 없어서 고민하는 아더에게 거웨인은 기꺼이 마녀와 결혼하겠다고 말한다.

마녀가 알려준 답은 "여자가 가장 원하는 것은 자신의 삶을 자신의 선택과 의지에 의해 사는 것이다."였다. 어쨌든 아더는 목숨을 건지고, 거웨인은 마녀와 결혼한다.

첫날밤, 거웨인은 마녀가 기다리는 침실로 들어갔다. 그런데 이게 웬일인가? 마녀는 보이지 않고 아름다운 여인이 자기를 기다리고 있었다! 놀란 거웨인이 어찌된 영문이냐고 묻자 마녀는 "당신이 나를 진심으로 대하고, 아내로 인정해준 보답으로 인생의 절반은 미녀로, 나머지 절반은 추녀로 지내게 되었습니다."고 대답한다. 그러면서 "낮에 미녀로 지내는 게 좋겠습니까? 밤에 미녀로 지내는 게 좋겠습니까?"라고 묻는다. 거웨인에게 선택을 요구한 셈이다.

거웨인의 대답은 과연 어떠했을까?

그는 이렇게 대답했다.

"당신 스스로 선택하십시오!"

그 말을 들은 마녀는 "이제부터 항상 아름다운 모습으로 당신 곁에 있겠습니다."라고 말했다. 그러면서 이렇게 덧붙였다.

"당신이 나에게 귀중한 선택권을 주었으니까요!"

인생은 흥미진진한 탐험이다

내가 지금 이렇게 살고 있는 것은 마음에 들든 마음에 들지 않든 내가 선택한 것이다. 또 나는 선택의 순간에 매번 최선을 다했다. 책임은 막중하지만, 후회는 없다. 나 스스로의 힘을 느낄 수 있는 덕분이다. 내게 최선으로 여겨지는 선택을 할 만큼 힘이 있다면, 나는 앞으로 어떤 일을 만나든, 어떤 상황에 부딪치든, 얼마든지 잘 살 수 있지 않을까? 나는 그래서 후회하지 않는 편이다.

자기 인생을 가볍게 흘려보내고 싶어하는 사람은 없다. "대충 살아가겠다!"고 의지를 불태우는 사람도 없다. 아무리 외롭고 힘들어도 자기 능력 안에서 노력하면서 산다. 그것이 인간의 본능이다. 건너야 할 바다에 거친 파도가 일고, 넘어야 할 산이 얼음으로 뒤덮여 있어도 꼭 건너야 하고 넘어야 할 것이라면 우리는 기필코 가고자 한다. 대부분의 사람의 마음이 그렇다. 물론 그 과정에서 일찌감치 절망하는 사람도 있고, 고지를 바로 눈앞에 두고 안타깝게 포기하는 사람도 있겠지만, 처음엔 누구나 '용감하게' 길을 떠난다. 우리 인생을 두고

‘여정旅程’이라 일컫는 것도 그런 이유에서다. 결과보다 과정을 소중히 여기는 것도 인생을 긴 여행이라 생각하기 때문이다. 여행은 다녀온 다음의 감상이 중요한 게 아니라 과정이 소중한 게 아니던가?

우리는 누구나 행복할 자격이 있다

나는 우리 청소년들이 자신의 선택을 믿고, 매 순간 최선의 선택을 하기 위해 노력하길 바란다. 자신이 이루어낸 결과에 일희일비一喜一悲 하지 말고, 결과를 이끌어 내기 위해 노력한 스스로를 한껏 칭찬해주기 바란다. 여러분은 격려 받을 만하고, 지지받을 자격이 충분한 사람들이다.

충분히 애썼다고 자신을 격려하고 지지하면, 더 이상 앞으로 나아가지 않고 그 자리에 멈출 수가 없다. 도전하게 되고 좀 더 새로운 무언가를 찾게 된다. "이건 뭐지? 저건 또 뭐지?" 하면서 끊임없이 호기심을 촉발하게 된다. 한 걸음 한 걸음, 비록 힘겨운 발걸음일지라도 ‘끝내’ 걷고 있는 자신을 발견하게 된다. 그리고 힘내라고 물을 한 잔 건네고, 근육이 뭉친 다리를 한 번 두드려 주고, "파이팅!"을 외쳐주는 것도 결국은 자기 자신이다.

나는 여러분이 이처럼 ‘힘 있는 존재’임을 충분히 느끼기 바란다. 그 느낌 그대로 살아가기를 바란다. 그러다가 나를 충분히 격려하고 위로했다 싶으면, 내 곁에 있는 사람에게도 마음의 박수를 보내주기 바란다. 그러면 포기하지 않고, 서로 격려하면서 오래 갈 수 있다. 그 사람이 가족이든, 친구든 상관없다. 열심히 살아가기 위해 애쓰는 갸륵한 존재, 얼마나 고마운가? 사랑스럽지 않은가?

나는 여러분이 인생에서 가장 빛나는 청소년기를 행복하게 보내기 바란다. 과중한 공부, 불확실한 미래에 대한 두려움, 부모형제와의 갈등, 친구와의 불협화음처럼 본인에게 '문제'로 여겨지는 것들도 많겠지만, 지금 이 순간의 고민은 돌이킬 수 없는 것들이다. 인생은 흐르는 물 같아서 똑같은 곳에 발을 담글 수가 없으니까. 그러므로 두 번다시 돌이킬 수 없는 순간들을 진지하게 받아들이고, 깊이 생각하고, 자신의 선택과 결정에 따라 용감하고 즐겁게 행동하기 바란다.

여러분에게는 그럴 능력이 충분하다.

언제나 최선을 선택하려고 노력하는 한,

여러분에겐 그 누구보다도 행복할 권리가 있다.